Uschi Ronnenberg

Glücksorte in Aachen

Fahr hin und werd glücklich

Droste Verlag

Danke!

Bei Marie-Luise für die vielen gutgelaunten Streifzüge durch unsere Stadt.

Bei meiner Freundin Marlies für die sinnvolle Sortierung der Glücksorte.

Bei manchen lieben Menschen fürs Bevölkern von Fotos und fürs Probelesen.

Bei meinem Mann für die liebevolle Geduld mit mir als Autorin.

Liebe Glücksuchende,

das berühmte Goethe-Zitat „Man sieht nur, was man weiß" ist für viele Bereiche des Lebens anwendbar – ganz besonders natürlich auf das vergnügte Entdecken von Glücksorten, in der eigenen als auch in einer fremden Stadt …
Die Fotografin Marie-Luise Manthei und ich haben mit viel Begeisterung solche Orte in Aachen aufgespürt. Die Auswahl ist sehr persönlich und kann beim besten Willen nicht das ganze Spektrum der – für uns – schönsten Stadt im „Westzipfel" zeigen. Doch es ist vielleicht charmanter Grundstein für eine kleine oder ganz große Liebe zur einstigen Pfalz Karls des Großen, zur Hochschulstadt mit internationaler Ausrichtung, zur Reiter- und Pferdestadt, zum Kur- und Badeort, zur gelungenen Melange von Historie und Moderne – und zum „Öcher Hazz", dem Herzen der Aachener.
Das Lebensgefühl in Aachen ist tatsächlich etwas ganz Besonderes, denn Deutschlands westlichste Großstadt mit ihrer unvergleichlichen Lage im Herzen Europas ist lebendig, vielseitig und abwechslungsreich. Europäisch eben! Die Stadt zeigt sich weltoffen und tolerant, die Menschen, die Geschichten und die Küche sind international und gleichzeitig bodenständig. Aachen ist eine Stadt, in der man sich sehr schnell zu Hause fühlt und in die man immer gerne zurückkehrt.

Entdecken Sie die Glücksorte – es lohnt sich!

Ihre Uschi Ronnenberg

Deine Glücksorte ...

1 Drei Kaiser und viele Blumen
Im Blumenladen Blütezeit 8

2 Besuch beim Bürgertum
Die Annastraße – schöne alte Wohnstraße 10

3 Das Licht als Innenarchitekt
Die schlicht-schöne Annakirche 12

4 Garn in Hülle und Fülle
Wolle und Knöpfe bei Görg & Görg 14

5 Die Grüne Fee kennenlernen
In der Grotesque Absinth-Bar 16

6 Ein Engel für die Mädels
In der Boutique Orphée 18

7 Wo die Öcher Mösch stillsitzt
Der Münsterplatz mit dem Spatzenbrunnen 20

8 Des Aacheners Lieblingsbau
Der Dom von außen 22

9 Für Kinder aller Altersklassen
Der Aachener Tierpark Euregiozoo 24

10 Ein Tütchen voll süßen Glücks
Im Domlädchen 26

11 Nehmen wir noch ein Glas?
In der Weinbar Vertical 28

12 Glückliche Mitte
Auf dem Marktplatz 30

13 Nicht ohne unseren Karl
Der Karlsbrunnen 32

14 Unverwechselbar und schön
Das Aachener Label Prego 34

15 Kunsthaus im Bauhaus
Das Ludwig Forum für Internationale Kunst 36

16 Raus ins Freiluft-Wohnzimmer
Im Hof 38

17 Das bunte Schatzkästchen
Im Concept Store von Irmgard Wangerin 40

18 Alles andere als kalter Kaffee
Plum's Kaffee, älteste Rösterei Deutschlands 42

19 „Könnt' ich mich reinsetzen!"
Ghorban Delikatessen 44

20 Die gute Stube der Stadt
Im Couven-Museum bürgerliche Lebensart erspüren 46

21 Fast wie in der Winkelgasse
Das Café van den Daele 48

22 Ein Mann – eine Mission
Das Büchel-Museum Rote Burg 50

23 Lebensfreude pur
Die Rotunde des Elisenbrunnens als Tanzsaal 52

24 Die grüne Pause
Der Elisengarten 54

25 So schmeckt die Stadt
Aachen häppchenweise 56

26 Urig seit eh und je!
Das Stehgraa, die kleinste Kneipe in NRW 58

27 Eine bestrickende Auswahl
Im Zeina Strumpfmagazin 60

28 Was machen die denn da?
Das Klenkes-Denkmal 62

29 Gespür für Sehnsüchte
Martha Mode 64

30 Fast wie Meditation
In der Elisabethhalle 66

31 Im Paradies für Bierliebhaber
Hopfen + Malz Bierladen 68

32 Bunte Welt in Vintage
Bei Margoo 70

33 Fühlen Sie mal den Teig!
Führung in der Printenbäckerei Klein 72

34 Weiterfahrt ungefährlich
Der Paternoster im Hochhaus am Bahnhof 74

35 An den Wolken kratzen
Die Rooftop-Terrasse des Uptown 76

36 Allerschönste Sticheleien
Im Atelier Handmade von Björn Becker 78

37 Mehr Sein als Schein
Das Suermondt-Ludwig-Museum 80

38 Der Herr der Taschen
Zeitlose Accessoires von Volker Lang 82

39 Feinste Kochkunst
Im One & Only 84

40 Die Schönheit wohnt in Aachen
Im Babor Spa im Quellenhof 86

... noch mehr Glück für dich

41 Hier kriegt jeder Spaß
Am Knipp – das schönste Lokal der Stadt 88

42 Großes Picknick mit Musik
Weltstars bei den Kurpark Classix 90

43 Nierentisch und Häppchen
Filmklassiker im Capitol 92

44 Eine echte Perle
Beim Juwelier Zaun 94

45 Das macht Foodies froh
Im Haus der Küche 96

46 Später im Madrid?
Feiern in der Pontstraße 98

47 Ein museales Kleinod
Das Internationale Zeitungsmuseum 100

48 Fünf Generationen mittendrin
Im Weinhaus Lesmeister 102

49 Hier sagt man „Fritten"!
Die besten Büdchen der Stadt 104

50 Frühstück oder Absacker?
Das Egmont 10

51 Tief hinunter und hoch hinaus
Das SuperC – Innovation und Perspektive 108

52 Vom Suchen und Finden
Bei Deko Haasenstrauch 110

53 Ein Platz für ein Wow!
Der Katschhof 112

54 Mädchenkram – so schön …
Im „mancherlei" 114

55 Lässigkeit und Luxus
Der Lindenplatz – nur 5 Minuten vom Markt 116

56 Jedem sein Lieblingsfrühstück
Burtscheid, Lammerskötter und Croissants 118

57 Wirklich was fürs Auge
Architektur im Frankenberger Viertel 120

58 Men only!
Der exklusive Frankenberger Barber Club 122

59 Kaffee, Schwätzchen, Einkauf
Samstäglicher Wochenmarkt auf dem Neumarkt 124

60 Lockere Laufrunde im Grünen
Am Hangeweiher im Kaiser-Friedrich-Park 126

61 Allerhöchste Törtchenkunst
Die Seele baumeln lassen im Café Liège 128

62 Geliebt und atemberaubend
Im Inneren des Doms 130

63 Fast wie ein kleiner Urlaub
Stauweiher Diepenbenden und Haus am See 132

64 Der Himmel voller Glück
In der Sternwarte Aachen 134

65 Viel mehr als nur ein Teich
Gut Entenpfuhl im Wald 136

66 Das Glück auf dem Teller
Im La Bécasse 138

67 Forschen, lernen, leben
Der Campus Melaten 140

68 Ein Hauch von Schokolade
Der Lindt Werksverkauf 142

69 Wie sich Europa anfühlt
Der Dreiländerpunkt D-B-NL oben im Wald 144

70 Öcher send der Düvel ze lous
Auf dem Lousberg 146

71 Und er dreht sich doch
Der Drehturm Belvedere hoch über der Stadt 148

72 Die Pferde stören kaum
Der CHIO – das Reitturnier 150

73 Ist ja faszinierend!
Pro-Idee hat Ideen – aus aller Welt 152

74 Wenn der Lochstreifen reißt
Im Fernmeldemuseum 154

75 Die Farbe der Frische
In der Aachener Soers 156

76 Rattert, klappert, quietscht
Lebendige Industriegeschichte im Tuchwerk 158

77 Eine Ferme Ornée für alle
Der Müschpark 160

78 Unser aller Spieltrieb
Der Puppenbrunnen 162

79 Schmuggel gut!
Im Zollmuseum Friedrichs 164

80 Das gibt es nur in Aachen
Streuselbrötchen – eine lokale Besonderheit 166

Drei Kaiser und viele Blumen

1 · Im Blumenladen Blütezeit

Am verträumten Fischmarkt findet sich an der Ecke zur Annastraße seit 2015 das ausgesprochen schöne Blumengeschäft namens „Blütezeit". Draußen locken jede Menge dekorativer und nützlicher Pflanzen für Garten und Balkon, die so ansprechend zusammengestellt sind, dass man sie am liebsten alle auf der Stelle mitnehmen möchte. Und drinnen gibt es eine überraschende Auswahl von Floralem für jeden, der mal nicht nur die üblichen Schnittblumen überreichen möchte. Claudia Ratajczak und ihr Team sind ausgebildete Floristinnen und bevorzugen eine Natürlichkeit, die man ihren gebundenen originellen und individuellen Sträußen auch ansieht. Einer ist schöner als der andere … Geschenkesucher finden hier außerdem manch weiteres geschmackvolles Mitbringsel für fast jede Gelegenheit.

Die attraktive Blütezeit ist darüber hinaus an historischer Stätte beheimatet, im sogenannten Dreikaiserhaus, das der Fischhändlerfamilie Lahaye gehörte, deren Name nach wie vor in großen, goldenen Lettern über der schweren Eingangstür prangt. Bis in die zweite Hälfte der 1970er-Jahre wurde hier tatsächlich noch Fisch verkauft, zuletzt von Martin Lahaye. Es war die letzte von ursprünglich mehreren Fischhandlungen – derentwegen der Fischmarkt auch heißt, wie er heißt … Das Gebäude stammt aus dem Jahr 1888, dem Jahr, das als Dreikaiserjahr in die Geschichte einging: Kaiser Wilhelm I. verstarb im März. Sein Sohn Friedrich Wilhelm trat als Kaiser Friedrich III. die Nachfolge an, die jedoch nach 99 Tagen endete, da er im Juni einer Krebserkrankung erlag. Am selben Tag trat sein ältester Sohn Friedrich Wilhelm die Regentschaft an, als Kaiser Wilhelm II., Deutscher Kaiser und König von Preußen. Diese drei Herrscher wurden als Relief an der Hausecke beim Bau des Wohn- und Geschäftshauses der wohlhabenden Fischhändlerfamilie Lahaye verewigt. Mit diesem Wissen kann man den Blick nach oben zur Ecke des Hauses viel besser würdigen – bevor man sich dann in der Blütezeit einen wunderschönen knackfrischen Blumenstrauß binden lässt!

○ Blütezeit Aachen, Fischmarkt 4, 52062 Aachen, Tel. (02 41) 99 79 06 20
www.bluetezeit-aachen.de
○ ÖPNV: Bus 4, Haltestelle Markt (Judengasse), wenige Minuten Fußweg

Besuch beim Bürgertum

2 *Die Annastraße – schöne alte Wohnstraße*

In Aachen leben ungefähr 20.000 Menschen in der Innenstadt, auch rund um Dom und Rathaus. Alteingesessene vor allem, aber auch Studenten, die das Glück hatten, eine Bleibe mittendrin zu finden – es wird glücklich gewohnt, wohin das Auge blickt … Und eine der charmantesten zentralen Wohnstraßen ist ganz sicher die Annastraße, die vom Fischmarkt abgeht. Dem Galeristen Karl Klauth, der hier seine „Galerie am Dom" in den Siebzigern eröffnete, ist es zu verdanken, dass die Stadt über eine liebenswerte kleine Chronik der Annastraße verfügt.

Eine weitere Besonderheit der Annastraße ist, dass sie sozusagen zur protestantischen Ecke des ansonsten sehr katholischen Aachen führt: Ab Michaelstraße beginnen die weiten Gebäude der Evangelischen Kirchengemeinde mitsamt der dazugehörigen Annakirche und der gleichnamigen Grundschule um die Ecke. An deren rückseitiger Schulhofmauer befand sich übrigens lange Zeit ein halb offenes Pissoir, das erst in den 70er-Jahren bei der Erweiterung zur Fußgängerzone von der Stadt beseitigt wurde. Gegenüber, direkt neben dem Haus Nr. 36, kann man durch einen Torbogen eine kleine Stadt-Oase betreten, den im Sommer herrlich grünen Hermann-Heusch-Platz mit seinen vielen überraschenden Kunstwerken. In den anliegenden Häusern wohnen meist ältere Leute, die sich in der angenehmen Nähe zum Zentrum sehr wohlfühlen.

> **TIPP** Als Büchlein ist die Chronik der Annastraße vergriffen, aber auf www.unser-aachen.eu noch zu finden!

Es ist ein kleines Vergnügen, der Straße vom Fischmarkt aus für ein halbes Stündchen auf einem Spaziergang zu folgen und die vielen hübschen und gut gepflegten Häuser in der schönen alten Straße einmal genauer anzusehen. Und wer den Spaziergang an der Annakirche beginnt, ist am Ende direkt in Domnähe. Viele lieben die Annastraße besonders bei Schnee, wenn sie sich sehr romantisch gibt, die anderen im Sommer, wenn das Leben hier besonders hell und leicht erscheint.

▶ **Annastraße, 52062 Aachen**
www.aachen-schoene-altstadt.de
▶ **ÖPNV:** Bus 5, 12, 22, 23, 24, 25, 35, 45, 55, 75, Haltestelle Annastraße

Das Licht als Innenarchitekt

3 *Die schlicht-schöne Annakirche*

Abseits von jedem Prunk findet sich am Ende der schönen Annastraße die evangelische Annakirche – sie strahlt schon von außen Schlichtheit und Ruhe in perfekter Harmonie aus. Zugegebenermaßen ist die Autorin bei diesem Glücksort am allerwenigsten objektiv, wurde sie doch hier nicht nur konfirmiert, sondern auch getraut.

Die einschiffige Kirche wurde 1532 als Klosterkirche eines Benediktinerinnen-Klosters fertiggestellt und 1749 durch Johann Joseph Couven neu gebaut. Er verwendete dazu die Fundamente der alten Kirche und schuf einen schlichten Barockbau: die Straßenfronten in der kühlen Optik des Kalksteins aus dem nahe gelegenen belgischen Ort Raeren, den Innenraum als fast nüchternen Saal. Die französische Besatzungsmacht übergab 1803 die Annakirche den evangelischen Gemeinden Aachen und Burtscheid. Als sich 1837 beide Gemeinden zusammenschlossen, wurde aus Platzmangel die Empore eingezogen. Nachdem die Kirche im Zweiten Weltkrieg zerstört worden war, baute man sie 1951 in alter Gestalt wieder auf – denn was ein Couven erschaffen hat, ist dem Aachener heilig.

2013 erfuhr die Annakirche eine gründliche Sanierung. Wie sie da so steht in ihrer würdevollen Schönheit, sieht man ihr diese bewegte Baugeschichte gar nicht an. Auf der Empore steht seit 1994 das besondere Schmuckstück der Kirche – die Weimbs-Orgel. Sie ist das wichtigste Instrument in der Kirchenmusik der Gemeinde. An der Annakirche ist die kirchenmusikalische Arbeit des Aachener Bachvereins angesiedelt. Höhepunkt und einen Besuch allemal wert sind die Aachener Bachtage, die immer zum Jahresende stattfinden. Wem sich die Gelegenheit bietet – der Musik dort zu lauschen, ist ein echter Genuss. Der helle Kirchenraum mit den unbunten, lichtdurchlässigen Fenstern, dem Schachbrettboden und dem schlichten Mobiliar vermittelt mit seiner klaren Ästhetik eine gelassene Freundlichkeit, die dem Besucher die Konzentration auf das Wesentliche erlaubt. Vermutlich deshalb ist die Annakirche neben den regulären Gottesdiensten so ein beliebter Ort für fröhliche Ereignisse – Taufen, Hochzeiten, Konzerte.

....

⏵ **Annakirche, Annastraße 35, 52062 Aachen**
www.evangelisch-in-aachen.de
⏵ **ÖPNV: Bus 5, 12, 22, 23, 24, 25, 35, 45, 55, 75, Haltestelle Annastraße**

Garn in Hülle und Fülle

 Wolle und Knöpfe bei Görg & Görg

Stricken und Handarbeiten überhaupt sind derzeit enorm angesagt: regelmäßige Stricktreffs in Kneipen und in privaten Wohnzimmern, ganz junge Frauen und Männer, die sich in sogenannten Yarn Camps zusammenfinden, das Internet explodiert nahezu vor Anleitungen. Dabei ist all das gar nicht neu, denn gehandarbeitet wurde schon immer. Und für Wolle und Knöpfe in riesiger Auswahl hat Aachen seit 1978 das wunderbarste Geschäft überhaupt: Görg & Görg. Es ist in der idyllischen Annastraße und durch das fantasievoll umhäkelte Fahrrad vor der auffallend roten Ladenfront auch ohne Navi bestens auffindbar.

Julia Babendreyer, Stiefenkelin der Gründerin, und Volker Schmitz sind die kreativen, spezialisierten Köpfe und führen in nunmehr dritter Generation dieses Wollfachgeschäft. Ein kleines Paradies, in dem sich für beinahe jedes Strick-, Häkel- oder Filzprojekt das passende Garn und die schönsten Knöpfe finden. „Ob es um herzerwärmende Wintermützen oder Wollpullover, verführerisch luftige Sommerkleiderentwürfe oder künstlerische Textilprojekte geht – alles ist möglich", sagen sie selbst. Die beiden Wollspezialisten bieten aber nicht nur führende Marken, sie haben darüber hinaus auch japanische Garnlabels im Sortiment. In Japan ist das Herstellen von Garnen eine jahrtausendealte Handwerkstradition! Das spiegelt sich natürlich in der Qualität wider – und Modelle aus diesen Garnen werden schnell zu Lieblingsstücken.

Individuelle Beratung, regelmäßige Strickkurse und Workshops, ein breites Sortiment an Zubehör und stets aktuelle Strickanleitungen runden das Angebot ab. Hinzu kommen Projekte, die die Familie Görg von Künstlerinnen und Künstlern umsetzen lässt und die die „Woll-Botschaft" so auch auf ganz unkonventionelle Art weitertragen. Das große zusätzliche Plus des Wollladens ist das Persönliche, der Austausch mit den Kundinnen und Kunden – über Wolle, Wolle und Wolle! Leidenschaft für die Sache ist im Laden die wichtigste Triebfeder. Das ist deutlich spürbar – für jeden, der das kleine Wollparadies betritt: Das Glück liegt im Knäuel!

▶ **Görg & Görg Wolle und Knöpfe, Annastraße 18, 52062 Aachen**
www.goerg-wolle.de
▶ **ÖPNV: Bus 4, Haltestelle Markt (Judengasse), wenige Minuten Fußweg**

Die Grüne Fee kennenlernen

5 *In der Grotesque Absinth-Bar*

Absinth oder auch die „Grüne Fee" war lange ein verbotenes Getränk mit dem Nimbus des Gefährlichen. Auch wenn es in Paris zu Beginn des 20. Jahrhunderts besonders en vogue war, schworen zahlreiche Künstler schon lange davor und noch lange danach auf das Getränk: Edouard Manet, Paul Gauguin, Henri de Toulouse-Lautrec, Picasso oder Vincent van Gogh. Auch Schriftsteller wie Ernest Hemingway, Edgar Allan Poe, Charles Baudelaire, Victor Hugo, Arthur Rimbaud, Paul Verlaine oder auch Oscar Wilde schwärmten für Absinth. Man reiht sich also ein in beste Gesellschaft.

Es fühlt sich ein bisschen an, wie in eine andere Zeit zu fallen, wenn man zum ersten Mal die gemütliche Grotesque Absinth-Bar am Rande des Domviertels betritt. Möbel, Tapeten und Bilder erinnern an die 20er-Jahre. Auch der sorgfältig gezwirbelte Schnurrbart des Hausherrn passt ins stilechte Bild. „Einige der Möbelstücke stammen sogar tatsächlich aus dieser Zeit", weiß Inhaber Stefan Kinting, der seinen Gästen freundlich und sachkundig hilft, den richtigen Absinth aus den zahlreichen Sorten für sich zu finden: Mögen Sie Wermut? Mögen Sie Anis? Mögen Sie es lieber süß oder mit vielen Kräutern? Dann schlägt er Sorten aus der umfangreichen Karte vor – der Alkoholgehalt geht bei manchen bis zu atemberaubenden 89,9 Volumenprozent! Deshalb trinkt man Absinth nicht pur! In der Mitte eines jeden Tisches steht eine Absinth-Fontäne. Sie wird mit Wasser und Eis gefüllt und durch ihre vier kleinen Hähne tropft das kalte Wasser nun langsam über einen Löffel mit einem Stückchen Zucker in das darunterstehende Glas – bis der dann milchig aussehende Absinth so weit verdünnt ist, wie er seinem Trinker schmeckt. So entsteht in dieser einzigartigen Bar mit 33 Sitzplätzen ein Rhythmus, den das Getränk bestimmt. Nichts für einen schnellen Absacker, aber wunderbar für entschleunigte, behagliche Stunden mit netten Menschen. Und wenn sich dann noch jemand ans Klavier setzt und einen Swing spielt, ist die Zeitreise perfekt.

....

Grotesque Absinth-Bar, Rennbahn 1, 52062 Aachen, Tel. (02 41) 47 58 68 35
www.grotesque-bar.de
ÖPNV: Bus 4, Haltestelle Markt/Judengasse

Ein Engel für die Mädels

6 *In der Boutique Orphée*

Möglicherweise ist der auffallende große Engel in der Orphée Boutique die meistfotografierte Ladendekoration der Stadt. Er – oder sie, wer weiß das schon – schwebt majestätisch von der Decke und hält dabei einen großen Reif voller wunderschöner Kleider in die großen einladenden Fenster.

Das sei eine grandiose Idee gewesen, die ein befreundeter Künstler zur Eröffnung für sie umgesetzt habe, erzählt die Inhaberin Agnès-Claire Rowley mit einem warmen Lächeln. Die gebürtige Französin bietet schon seit 1991 in ihrem hübschen Laden Feminines und Elegantes an, von der Abendrobe über Alltagskleider und Strickjäckchen bis zum Accessoire. Hier ist es bunt, hier locken Muster und Schnitte, die man sonst nicht so leicht findet. Die Atmosphäre ist durchaus *très français* … Hier gibt es rundum an wellenförmigen Regalen und Kleiderstangen Himmlisches zu sehen, zu fühlen und zu kaufen. Jede, die in der Mode das etwas andere liebt, die Farben mag oder auch mal ein ausgefallenes Blumenmuster, Polka Dots oder grafische Rapports, sie wird hier bestimmt fündig und glücklich … Viele Stammkundinnen schätzen die Auswahl an Kleidung mit dem gewissen Extra. Ein kleines Paradies für Eigensinnige.

Ein wichtiges Thema ist die Abend- und Festmode, sodass bei Orphée zur Abi-Ball-Saison Hochbetrieb herrscht – denn hier finden auch die jungen Frauen individuelle und besondere Kleider nach ihrem Geschmack. Und Agnès-Claire Rowley notiert sich immer, von welcher Schule die Abiturientinnen kommen, damit es auf keinem Abi-Ball ein Kleid zweimal gibt. Perfekt! Und wenn geheiratet wird? Dann wird das in Aachen oft in Kleidern aus der Orphée Boutique! Kein Wunder, denn Bräute und Brautmütter schätzen die Kleider mit der sehr persönlichen Note ebenfalls. Das Geschäft mit dem Engel ist eben in vielerlei Hinsicht etwas anders – es braucht nur ein bisschen Lust, sich verzaubern zu lassen …

Orphée Boutique, Jesuitenstraße 4, 52062 Aachen
www.orphee-aachen.de
ÖPNV: Bus 2, 5, 11, 12, 14, 21, 22, 23, 24, 25, 31, 35, 43, 45, 51, 53, 55, 75, Haltestelle Alter Posthof

Wo die Öcher Mösch stillsitzt

7 *Der Münsterplatz mit dem Spatzenbrunnen*

Im westlichen Zipfel des Münsterplatzes – da, wo die hübschen, schmalen, spitzgiebeligen Wohnhäuser in harmonisch-dezenter Buntheit stehen – kann man sich besonders schön niederlassen zu Kaffee und Kuchen, einem erholsamen Imbiss oder einfach nur zu einem erfrischenden Getränk. Man hat den Dom greifbar nah vor Augen und dazu jede Menge Menschen – Touristen, die gemütlich vorbeischlendern, die meisten mit dem Blick nach oben, oder die geschäftigen Aachener, die einfach ihrem Tagewerk nachgehen … Diese Ecke des Münsterplatzes ist ein wunderschöner, fast beschaulicher Ruhepunkt. Und auf der Höhe des Durchgangs vom Münsterplatz zum Domhof, zwischen drei relativ jungen Bäumen, befindet sich ein Trinkwasserbrunnen der zauberhaftesten Sorte. Denn er ist Heimat für elf putzige Bronzevögel – alles „Mösche", also Spatzen, die auf den Stangen über dem kugelförmigen Brunnen sitzen. Deshalb heißt er auch „Möschebrunnen", auf Hochdeutsch „Spatzenbrunnen".

Der Brunnen erzählt die Geschichte dieses Markplatzes im Schatten des Aachener Doms, wo ungefähr im späten Mittelalter ein Singvogelmarkt war und es an allen Ecken und Enden nur so zwitscherte. Den Spatz haben die Aachener sowieso ganz besonders in ihr Herz geschlossen: „Der schönste Vowel, den wür han, dat is de Mösch", singt man hier beispielsweise im Karneval. Die Ursprünge dieser besonderen Piepmatz-Liebe konnten übrigens leider nicht ermittelt werden … Jedenfalls war es fast logisch, dass der Bildhauer Bonifatius Stirnberg 1978 bei Erschaffung dieses liebevoll ausgearbeiteten Brunnens die „Öcher Mösch" zu seinen Hauptdarstellern machte.

In seiner nahezu beschaulichen Stille – kein Bus fährt hier, und man hört kein einziges Auto – hat dieser weniger weitläufige Teil des Münsterplatzes, der auch der „kleine Münsterplatz" genannt wird, seinen ganz besonderen Reiz. Wer sich hier niederlässt, vergisst schnell die Zeit und erliegt fast ganz automatisch dem Charme der Altstadt – Zauberwort Entschleunigung. Das macht allein genauso viel Freude wie in netter Begleitung …

▶ **Möschebrunnen, Münsterplatz, 52062 Aachen**
▶ **ÖPNV: Bus 4, Haltestelle Markt/Judengasse, Bus 14, Haltestelle Elisenbrunnen**

Des Aacheners Lieblingsbau

 Der Dom von außen

Betrachtet man den Dom ohne große Ehrfurcht, sieht er fast aus, als hätte jemand aus allen Förmchen, die es im Sandkasten gab, willkürlich und planlos ein Gebäude zusammengesetzt … Aus der normalen Aachener Alltagsperspektive, als kleiner Mensch neben dem 32 Meter hohen Gebäude, empfindet man diese vielen kleinen Baueinheiten als handlich und in ihrer Gesamtheit interessant.

Der Neubau, den Karl der Große 803 errichten ließ, war das berühmte Oktogon, der Zentralbau mit achteckiger Mitte. Später, vor allem während der Gotik, wurde ein Kranz von Kapellen um den karolingischen Bau errichtet. Um den Dom kann man fast komplett herumlaufen und sich so ein erstes Bild von diesem Bauwerk machen, das so unterschiedliche Stile vereint. Am besten man läuft – hier entgegen des Uhrzeigersinns – einmal fast rundherum.

Steht man vor dem Eingang, liegt links die große gotische Nikolauskapelle, erbaut um 1485. Die Vorhalle selbst befindet sich im Westwerk, das karolingischen Ursprung hat. Rechts davon liegt die wunderschöne Ungarnkapelle, circa 1357 erbaut. Allerdings wurde sie im großen Stadtbrand von 1656 schwer beschädigt und entstand 1746 wieder neu. Rechts daneben, im „Vorgarten", sieht man die 1993 enthüllte Figur des heiligen Stephanus mit seinem silbernen Umhang. Es folgen die Annakapelle, Mitte des 15. Jahrhunderts errichtet, und die Matthiaskapelle, die älteste erhaltene gotische Kapelle des Aachener Doms. Danach umrundet man die große gotische Chorhalle mit einer Fensterfläche von über 1000 Quadratmetern. An der Seite der Chorhalle steht auch die große Tulpenmagnolie, deren Blütezeit stets viele Hobbyfotografen zum Dom lockt. Und zu guter Letzt stößt man dann noch auf die gotische Karlskapelle, 1474 fertiggestellt. Domsingschule und Schatzkammer verstellen nun den Weg, und so endet der Fast-Rundgang um den Dom, den die Aachener ganz besonders lieben. Als er 1978 von der UNESCO zum Weltkulturerbe ernannt wurde, als erstes Bauwerk überhaupt in Deutschland, fanden sie, dass es auch Zeit wurde …

TIPP Alle Infos gibt es gegenüber vom Domhof in der Dominformation.

Aachener Dom, Domhof 1, 52062 Aachen
www.aachenerdom.de
ÖPNV: Bus 4, Haltestelle Markt/Judengasse

Für Kinder aller Altersklassen

9 *Der Aachener Tierpark Euregiozoo*

Der 1966 eröffnete Zoo mit dem hübschen Brillenpinguin im Logo verteilt sich über knapp 9 Hektar im Drimborner Wäldchen zwischen den Stadtteilen Forst und Beverau. Durch das Gelände fließt der Beverbach, der im nordwestlichen Teil des Parks zu einem großen See gestaut ist.
All das ist der liebevoll gehegte, gepflegte und sich ständig optimierende Lebensraum für etwa 200 Tierarten und -rassen. Besonders reich an heimischen Tieren, bietet der Park aber unter anderem auch Affen, asiatischen Kamelen, Zebras, Watussirindern, Luchsen, Servalen, Geparden, Antilopen, Afrikanischen Straußen und exotischen Vögeln ein Zuhause. Eine Vielzahl von Wasservögeln bevölkert den großen See und kleinere Teiche und ist mitverantwortlich für die fröhliche Geräuschkulisse über dem Gelände.
Für Direktor Wolfram Graf-Rudolf, seit 1999 im Amt, ist die Prioritätenliste des Kümmerns klar: „Erst die Tiere, dann die Pfleger, dann die Besucher." So erklärt sich wahrscheinlich die entspannte und zufriedene Atmosphäre, die im Zoo deutlich spürbar ist – nicht grundlos ist der Aachener Tierpark eine der beliebtesten Freizeiteinrichtungen der Region, denn hier lässt sich wirklich eine schöne Zeit verbringen. Für die kleineren und jugendlichen Besucher gibt es die Zooschule – Unterricht in Biologie mit lebenden Tieren – und verschiedene andere Projekte sowie wunderschöne Spielplätze: Ein besonderes Highlight ist wohl der Kinderbauernhof – hier betreuen Kinder und Jugendliche zusammen mit Pädagoginnen Haustiere, die gefüttert, gepflegt, beobachtet und sogar verarztet werden. Ihre Unterkünfte werden gemeinsam ausgemistet und alle Tiere gleichwertig behandelt und gepflegt. Ein großer Spaß mit pädagogischem Nebeneffekt.
Der Aachener Tierpark Euregiozoo ist ein bisschen wie Aachen selbst – nicht zu groß, nicht zu klein, überschaubar und spannend zugleich. Und auf jeden Fall einen Besuch wert.

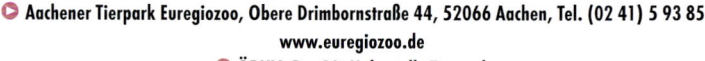
Aachener Tierpark Euregiozoo, Obere Drimbornstraße 36, 52066 Aachen, Tel. (02 41) 5 93 85
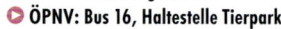
www.euregiozoo.de
ÖPNV: Bus 16, Haltestelle Tierpark

Ein Tütchen voll süßen Glücks

⑩ *Im Domlädchen*

Der herrlich altmodische Schaufensterkasten aus Holz signalisiert sofort, dass sich hier etwas sehr Traditionelles befindet. Das ist vollkommen richtig, denn Aachens ältesten Zuckerwarenladen, das „Domlädchen", gibt es schon seit 1896! Die Inhaberin Hannah Schulte ist natürlich viel, viel jünger. Das hübsche Geschäft übernahm sie 2016. Sie renovierte gründlich und gab dem Laden ihre ganz persönliche, liebevolle Note, ohne sich von Altbewährtem zu verabschieden. Denn das Domlädchen ist eine Institution in Aachen.

Die meisten Geschicht(ch)en zu seiner Geschichte weiß allerdings nicht das Stadtarchiv oder das Internet, sondern sie sind in den Köpfen der Kunden verankert. So mancher im Rentenalter kauft hier immer noch gerne ein und erzählt von seinen Kindheitserlebnissen im Laden. Und wer das Domlädchen zum ersten Mal betritt, bekommt glänzende Augen … Naschkatzen aller Altersgruppen können, ihre Waagschale in der Hand, im Domlädchen in aller Ruhe zwischen den vielen Gläsern voller bunter Süßigkeiten stöbern. Fruchtgummis, Brausepulver, Bonbons, Lollis, allein über hundert Sorten Lakritz und viele weitere Leckereien erschweren die Entscheidung, was in die eigene Zuckertüte soll. Alles wird lose zusammengestellt, man nimmt sich seine Süßigkeiten mit der Zange aus den einzelnen Gläsern, abgerechnet wird dann an der Kasse.

Hannah Schulte möchte für ihre kleinen und großen Kunden das Gewohnte bewahren, aber auch neue Wege gehen. Zum Beispiel bietet sie Lakritz-Verköstigungen an, eilige Kunden haben die Möglichkeit, ihre Zuckertüte vorzubestellen, es gibt individuell bestückbare Adventskalender, und wer ein Fest feiern möchte, kann es mit süßen Überraschungen aus dem Domlädchen zu etwas Besonderem machen. Eine eigene Internetseite ist auch längst am Start – das bezaubernde Domlädchen hat sich behutsam modernisiert. Doch eins bleibt unverändert: Ganz wie früher ihre Großeltern können auch die Kinder heute, wenn sie das wollen, ihr Taschengeld in Süßigkeiten aufwiegen – und dabei auch noch Kopfrechnen üben!

••

◉ **Domlädchen, Münsterplatz 27, 52062 Aachen, Tel. (02 41) 4 85 33**
www.domlaedchen-aachen.de
◉ **ÖPNV: Bus 4, Haltestelle Markt/Judengasse**

Nehmen wir noch ein Glas?

 In der Weinbar Vertical

Man weiß gar nicht genau, woran es liegt, dass das Vertical trotz aller abwesenden Plüschigkeit so einen hohen Gemütlichkeitsfaktor hat ... Wer sich hier – drinnen wie auch draußen auf der Terrasse – auf ein oder zwei Gläser Wein niederlässt, dazu vielleicht ein paar Scheiben San-Daniele- oder Parmaschinken mit Brot oder etwas Parmesan mit wunderbar lang gereiftem Balsamico, der möchte eigentlich gar nicht wieder gehen müssen. Sehr oft wird hier aus einem After-Work-„Weinchen" mit lieben Freunden ein glückliches gemeinsames Versacken ohne Blick auf die Uhr.

Die Weinbar, 2004 eröffnet und nur ein paar entscheidende Meter abseits der Touristenströme zwischen Markt und Hochschule gelegen, hat sich durch ihr einladendes Ambiente und insbesondere die abwechslungsreiche Weinauswahl einen festen Platz im Herzen ihrer Aachener Stammkundschaft erarbeitet. Denn enorme 40 offene Weine lassen für Kenner und auch für Probierwillige so gut wie keinen Wunsch offen ... Das vielseitige Spektrum bewegt sich dabei zwischen Prosecco und Petrus, um es mal etwas salopp zu sagen.

Neben kleinen, weinbegleitenden Köstlichkeiten, die hier in der hauseigenen Küchenecke zubereitet werden, gibt es auch größere Speisen aus zwei benachbarten Restaurants – niemand muss hier hungrig bleiben. Insgesamt hat das Vertical etwa 600 Weine im Angebot, die auch außer Haus verkauft werden – ein gern genutzter Service. Geboten werden auch regelmäßige Events rund um Wein und Kulinarisches, das geht von Motto-Weinproben über Workshops und Whisky- oder Rum-Tastings bis zu beispielsweise Crime-and-Wine-Lesungen. Alle Veranstaltungen sind immer schnell ausverkauft, das spricht für sich.

Es war eine ziemlich schlaue Idee, dass Autorin und Fotografin den Fototermin im Vertical an das Ende eines Arbeitstages gelegt haben, denn auch sie entwickelten nach einer absolut treffenden Weinempfehlung behagliche Hier-wollen-wir-jetzt-bleiben-Gefühle ... So ist das schön!

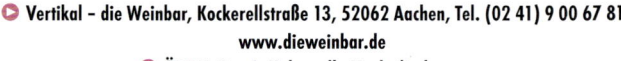

● Vertikal – die Weinbar, Kockerellstraße 13, 52062 Aachen, Tel. (02 41) 9 00 67 81
www.dieweinbar.de
● ÖPNV: Bus 4, Haltestelle Markt/Judengasse

Glückliche Mitte

 Auf dem Marktplatz

Aachen ist eine Stadt mit einer echten Mitte – dem Marktplatz. Hierauf läuft alles zu, hiervon geht alles aus … Deshalb gibt es auch so viele dreieckige Plätze und ein paar durchaus verwirrende Kreuzungen innerhalb des Alleenrings. Die älteren Bürger erinnern sich noch an die Wirtschaftswunder- und späteren Jahre, in denen Autoverkehr und Parken auf dem Markt eine Selbstverständlichkeit waren – da war der Platz abends noch eine Art „Protzmeile", auf der jeder sein Auto vorführen wollte. Es gab eine Art Rundkurs, der von nicht wenigen Angebern auch gerne mehrmals hintereinander genutzt wurde. Zur Fußgängerzone wurde der Markt, trotz zunächst viel Gemurre, erst Ende der 1980er-Jahre. Und nun sind alle längst glücklich damit, die Geschäftsinhaber, die Lieferanten und vor allem die Einwohner und die Besucher der Stadt. Denn was könnte es hier in Aachen Entspannteres geben, als auf diesem herrlichen, großen Platz zu sitzen, seinen Kaffee zu schlürfen oder sein Bierchen zu trinken und zu schauen oder ein gepflegtes Schwätzchen zu halten? Die zahlreichen Cafés und Restaurants rund um den Markt mit ihren vielen, vielen Terrassen bieten aber auch kulinarisch eine interessante Auswahl zwischen heimischer und internationaler Küche – es gibt hier „nix zu meckern". Eine mediterran anmutende Atmosphäre schon tagsüber, aber ganz besonders zur berühmten abendlichen blauen Stunde …

TIPP Flache Schuhe anziehen – das Kopfsteinpflaster ist katastrophal unpraktisch für Pumps und Stilettos.

Doch richtig sensationell wird es, wenn im Sommer in warmen Nächten die Dunkelheit hereingebrochen ist und das Rathaus, der Karlsbrunnen und die anderen historischen Gebäude wunderschön anheimelnd angestrahlt werden. Dann ist „ganz Aachen" im Städtchen unterwegs, alle Sitzgelegenheiten sind belegt, zwischen Hochschulviertel und Innenstadt schlendern die Menschen, überall stehen kleine oder größere Gruppen einfach herum, die palavern und lachen oder Straßenkünstlern bei ihrem bunten Treiben zusehen. Ja, dann fühlt man sich wirklich wie im Urlaub und möchte überhaupt nie wieder hier weggehen… Savoir vivre à la Aix-la Chappelle!

- Markt, 52062 Aachen
- ÖPNV: Bus 4, Haltestelle Markt/Judengasse

Nicht ohne unseren Karl

13 Der Karlsbrunnen

Ein bisschen „jeck" sind die Aachener ja schon mit ihrem Kaiser Karl. Ziemlich allgegenwärtig, der große Mann ... Da gibt es überall in der Stadt auf dem Boden die großen Messingnägel mit seiner Signatur – sie markieren Stand-Punkte für Sehenswürdigkeiten. Es gibt zum Beispiel in der Domschatzkammer die prachtvolle Karlsbüste aus dem 14. Jahrhundert – unbedingt anzusehen! Und zum Karlsjahr 2014 lief die spektakuläre Aktion von Otmar Hörl, der 500 Karlsfiguren auf dem Katschhof aufstellte – vom Volksmund direkt mal „Kärle" getauft. Doch unser eigentlicher Karl, der, mit dem wir im Alltag ständig zu tun haben, ist der auf dem ältesten aller Aachener Brunnen, dem Karlsbrunnen mitten auf dem Marktplatz.

Der Brunnen steht da schon seit 1334 und war ursprünglich ein viel schlichterer polygoner, barocker Schalenbrunnen. Erst im Jahr 1620 wurde er ausgebaut, das große Steinbecken mit dem bauchigen Tragpfeiler kam hinzu, auf dem die 6 Tonnen schwere Bronzeschale mit der Karlsfigur Platz fand. Der Baumeister Johann Joseph Couven entwarf dann im Jahre 1735 noch das wunderschöne Blausteinbecken und damit erhielt der Karlsbrunnen seine heutige Form. Die Aachener nennen den Brunnen übrigens liebevoll „Eäzekomp". Dieser Begriff aus dem Öcher Platt ist nicht eindeutig übersetzbar – Eäze könnte sich sowohl von Erz oder von Erbsen ableiten, eindeutig ist hier nur die Schale oder Schüssel am Ende. Auf dem Brunnen steht unübersehbar die Figur Karls des Großen, mit allen Reichsinsignien und in voller Rüstung. Und diese respektheischende Erscheinung ist gar nicht das Original! Seit 1969 schon wird die mit 1,83 Meter lebensgroße Kaiserskulptur von einer Kopie gedoubelt. Die kostbare Originalfigur verbrachte lange Jahre im Krönungssaal des Rathauses und steht heute im „Centre Charlemagne". Dass der Brunnen-Karl nicht der Echte ist, ist den Aachenern ziemlich egal – sie mögen es, dass ihr Karl da oben steht, alles im Blick hat und immer irgendwie dabei ist. Egal, ob Wochenmarkt, Weihnachtsmarkt, Karlspreis oder Karneval ...

- Karlsbrunnen, Markt, 52062 Aachen
- ÖPNV: Bus 4, Haltestelle Markt/Judengasse

Unverwechselbar und schön

14 *Das Aachener Label Prego*

Als Anfang der 80er-Jahre ein Modeladen namens Prego in Aachen eröffnete, waren insbesondere die jüngeren Frauen begeistert. Plötzlich gab es da lässige Eleganz – jung, individuell und bezahlbar! Wer etwas „auf sich hielt", leistete sich fortan öfter mal etwas bei Prego. Das 1983 in Aachen gegründete Familienunternehmen ist nach mehreren Stationen innerhalb des Stadtkerns heute mitten in der hübschen Altstadt ansässig, direkt am Puppenbrunnen, und hat neben einem Onlineshop inzwischen auch Dépendancen in Köln und Düsseldorf. Die Chefin – gebürtige Aachenerin mit weltoffenem Herzen – macht das Design, ihr Mann das Kaufmännische, und die beiden Söhne sind ebenfalls mit im Unternehmen.

Der Fokus des Labels liegt ganz klar auf Damenmode, von der Kleidung und den Accessoires bis zu den Schuhen. Elegant, klar, natürlich und weiblich, in harmonischen, manchmal ungewöhnlichen Farben und angenehmen schönen Stoffen. Alles in einem ganz eigenen Stil. Bei den Schuhen – süchtig machend schön – achtet die Designerin neben der individuellen Formgebung besonders auf Bequemlichkeit. Die Produktion findet in kleinen Manufakturen hauptsächlich in Italien statt. Auch die Taschen und andere Accessoires werden in Europa produziert. Das Prego-Team kennt seine Lieferanten persönlich und legt Wert auf gute Arbeitsbedingungen in den Betrieben sowie natürlich hochwertige und möglichst nachhaltige Ausgangsmaterialien. Auch im Laden selbst herrscht eine entspannte Atmosphäre. Das gut gelaunte Team, das sich teilweise schon lange kennt, berät mit viel Hingabe, hat aber auch ein gutes Gespür dafür, wenn man in aller Ruhe in den schönen Dingen stöbern möchte. Dass Prego über all die Jahre sein Gespür für Individuelles nicht verloren hat und seinem unverwechselbaren Stil treu geblieben ist, ist auch für die Kundinnen einfach ein gutes Gefühl … Hier zu shoppen, macht deshalb besonders Freude.

◉ **Prego, Hof 15–17, 52062 Aachen**
www.prego.de
◉ **ÖPNV: Bus 4, Haltestelle Markt/Judengasse, wenige Minuten Fußweg**

Kunsthaus im Bauhaus

15 *Das Ludwig Forum für Internationale Kunst*

Dass es in Aachen ab 1928 die größte Schirmfabrik Europas gab, hatte entgegen allen Vermutungen nichts mit den hiesigen Regentagen zu tun. Als dann diese im Bauhausstil errichtete Schirmfabrik verkauft wurde, griff die Stadt zu und ließ den außergewöhnlichen Bau um- und ausbauen zum Ludwig Forum für Internationale Kunst. Die 3000 Quadratmeter große Scheddachhalle und die Charakteristika der Außenarchitektur – wie die Abrundung der Gebäudeecke, die Verblendung der Skelettbauweise durch Klinker oder die geometrischen Grundformen – blieben dabei erhalten.

So wurde ab 1991 mit dem Museum das Zuhause für eine der wichtigsten Sammlungen für Gegenwartskunst geschaffen, denn das in Aachen lebende berühmte Sammlerehepaar Irene und Peter Ludwig haben zeit ihres Lebens herausragende amerikanische und europäische Kunst seit den 60er-Jahren zusammengetragen. So gehörten sie auch zu den ersten Sammlern der Pop-Art – schon 1968 zeigten sie die neuen Amerikaner, mit dabei auch Andy Warhol, dessen Karriere eng mit den Ludwigs verknüpft ist. 1970 reiste Peter Ludwig zu Duane Hanson nach New York und erwarb auch die berühmte „Supermarket Lady". Die frühen, oft skandalträchtigen Präsentationen machten Aachen zu einem aufregenden Ort für moderne Kunst. Schenkungen und Leihgaben aus der Kollektion sind heute weltweit in mehr als 20 Museen untergebracht, das Stammhaus der Ludwig-Sammlung aber ist das Haus in Aachen – sicher einer der Gründe, warum es 2018 von der deutschen Sektion des AICA zum „Museum des Jahres" gewählt wurde.

Auch wenn es ein paar Schritte außerhalb des Zentrums und fast schon im nördlichen, alten Industriegebiet der Stadt liegt, ist „das LuFo", wie die Aachener ihr größtes Museum nennen, unbedingt einen Besuch wert. Neben der dauernden Ausstellung, die allein schon beeindruckend genug ist, werden immer wieder spannende Sonderausstellungen gezeigt. Und wer Bauhaus-Architektur liebt, der ist hier – auch ganz ohne Kunst – glücklich vom Hingucken.

Ludwig Forum für Internationale Kunst, Jülicher Straße 97–109, 52070 Aachen,
Tel. (02 41) 18 07-1 04, www.ludwigforum.de
ÖPNV: Bus 1, 11, 16, 21, 31, 41, 52, 220, Haltestelle Ludwig Forum

Raus ins Freiluft-Wohnzimmer

16　*Im Hof*

Wie der an wechselhaftes Wetter gewöhnte Westeuropäer nun einmal so ist, beim ersten Sonnenstrahl sitzt er – schwupps – draußen, trinkt, isst, schaut Leuten nach, unterhält sich oder liest seine Zeitung. Das ist auch in Aachen nicht anders. Einer der schönsten Plätze, um das zu tun, ist in dieser Stadt zweifellos der Hof: ein gemütlicher Platz, dessen Adresse tatsächlich gleichlautend ist. Hier befinden sich mehrere Lokale, die mit genügend Freiluftmobiliar das berühmte mediterrane Flair mitten in die Altstadt bringen – eine gemischte gastronomische Auswahl, aus der zwei besonders hervorstechen: das Café zum Mohren und der Domkeller.

Das Café wurde 1994 eröffnet und gehört heute zu einer stadtbekannten Konditorendynastie. Hier gibt es köstlichen Kuchen und leckeres hausgemachtes Speiseeis. Und erst die Eistorten …! Das Haus, in dem sich das Café befindet, stammt aus der Zeit um 1656, als das mittelalterliche Aachen fast komplett niederbrannte. Die Holzbalken im Inneren, die schmalen Treppen und der fast abenteuerliche Einstieg zum Damen-WC zeugen sehr anschaulich von den alten Bauweisen.

Der alteingesessene Domkeller ist aus dem Hof gar nicht mehr wegzudenken, es gibt ihn nämlich schon seit 1972. Die Kneipe ist Kult, das Publikum bunt in jeder Hinsicht – und man weiß, was man bekommt. Alles ist wie schon immer, und das ist gut so. Wie die anderen ist auch dieses Gebäude im Hof denkmalgeschützt. Das zweigeschossige Giebelhaus in Ziegel und Blaustein mit der charakteristischen Steinfachwerkfassade der Maasländischen Renaissance wurde 1658 errichtet, also kurz nach jenem legendären Stadtbrand.

Der Hof ist heute geliebtes Freiluft-Wohnzimmer und Bühne zugleich, denn im Sommer wird das kleine Amphitheater in der Mitte gerne von Künstlern genutzt. Dazu das hübsche Ambiente mit dem weißen Replika-Säulenbogen vor der modernen Architektur des ehemaligen Kaiserbades und als i-Tüpfelchen der Blick auf Dom … Verweilen und Genießen ist angesagt – Gelassenheit der besondere Charme der Kaiserstadt. Man sieht sich!

○ Hof, 52062 Aachen
www.cafezummohren.de, www.domkeller.de
○ ÖPNV: fast alle Buslinien, Haltestelle Elisenbrunnen

Das bunte Schatzkästchen

 Im Concept Store von Irmgard Wangerin

Mitten in der hübschen Körbergasse, in der einst die Aachener Korbmacher ihrem Handwerk nachgingen, befindet sich ein ausgesprochen schnuckeliges Geschäft für Mädchen und für Frauen, die im Herzen immer jung bleiben werden. Bereits durch die charmanten Sprossenfenster gibt sich der Concept Store von Irmgard Wangerin bunt und glitzernd, edel, erlesen und voller Überraschungen. Seit 2001 verkauft sie hier traumhaft schöne Accessoires – wie zum Beispiel Schals, Handschuhe, witzige Taschen und Etuis, allerlei hochwertigen Modeschmuck, Glitzersöckchen und manchmal auch zauberhafte Deko. Man achte in der Vorweihnachtszeit auf die moppeligen Engelchen! Jedenfalls viel „Weiberkram" im allerpositivsten Sinne, denn hier findet man nicht nur wundervolle Selbstgeschenke, sondern auch die großartigsten Mitbringsel für Mütter, Töchter, Enkelinnen, Nichten und Freundinnen. Der gemütliche kleine Laden beherbergt eine Menge schönes „Gedöns" zum Staunen und Begehren, und manche Aachenerin kommt auch im ganz normalen Alltag nie daran vorbei, ohne nicht wenigstens einen kleinen Blick hineinzuwerfen. Und all den Touristinnen, die über die Körbergasse in die Altstadt wollen, geht es kaum anders. So, wie Irmgard Wangerin einst ihre Begeisterung für schöne und ausgefallene Accessoires mit dem Einstieg in den Einzelhandel für sich selbst verwirklichen konnte, so begeistert das Sortiment bis heute nicht nur ihre treue Kundschaft.

TIPP Gegenüber bei Korb Bayer gibt es traditionelle Korbwaren, Bürsten und manches mehr zu entdecken.

Inzwischen ist auch die Tochter des Hauses mit ins Geschäft eingestiegen, sodass das Vergnügen, durch all die schönen Sachen zu stöbern, sich und andere glücklich zu machen, also bis mindestens in die nächste Generation gesichert ist. Bei Lust auf Bling-Bling und individuelle Accessoires, die eben nicht jeder hat, ist ein Besuch bei Irmgard Wangerin nahezu eine Pflicht … eine sehr vergnügliche dazu!

○ Irmgard Wangerin Concept Store, Körbergasse 6–8, 52062 Aachen, Tel. (02 41) 4 01 40 97
www.irmgard-wangerin.de
○ ÖPNV: fast alle Buslinien, Haltestelle Elisenbrunnen

Alles andere als kalter Kaffee

18 *Plum's Kaffee, älteste Rösterei Deutschlands*

Als Aachener wird man quasi groß mit Plum's Kaffee. Die unverkennbaren gestreiften Papierbeutel in Braun-Weiß bräuchten gar keinen Textaufdruck, um hier in Aachen auf den ersten Blick identifiziert zu werden. Dass wir aber mit Plum's Kaffee auch die älteste Kaffeerösterei Deutschlands in unseren Mauern haben, wissen die wenigsten. 1812 eröffnete Xavier Plum sein Kolonialwaren- und Spezereiengeschäft und ließ 1820 die Marke Plum's Kaffee eintragen. Damals wurde der Rohkaffee noch mit dem Pferdewagen über knapp 150 Kilometer von Antwerpen nach Aachen geholt und vor Publikum im Schaufenster geröstet. Das ist lange her, ebenso wie die Zeiten, in denen Kaffee im Dreiländereck von Deutschland, Belgien und den Niederlanden ein beliebtes und wichtiges Schmuggelgut war und sogar an den grünen Grenzen im Wald deshalb scharf geschossen wurde.

Und heute? Plum's Kaffee ist einfach lecker – Privathaushalte, Gastronomie und Firmen setzen aus guten Gründen auf die Öcher Bohne. Als kleiner Privatröster arbeitet das Unternehmen ganz nach dem Motto „Qualität statt Quantität" und legt Wert auf Fair Trade. Deshalb bezieht man den Kaffee bevorzugt von kleineren Plantagen, die für die Großen der Branche aufgrund zu geringer Mengen uninteressant sind. Dank der hochwertigen Rohkaffees und jahrzehntelanger Rösterfahrung entstehen so die verlässlich guten Premium-Kaffees. Für ein Ergebnis, das eine computergesteuerte Röstung nicht bieten kann, ist hier im Unternehmen das traditionelle Röstverfahren immer bewusst beibehalten worden.

Heute besitzen und leiten Jürgen Vogeler, der in Bremen das Kaffeehandwerk erlernte, und sein Sohn die Firma. Mit viel Leidenschaft und Freude am Kaffee verbinden sie Tradition und Innovation. Zusammen mit ihren circa fünfzehn engagierten Mitarbeitern, die teils seit mehreren Jahrzehnten bei Plum's beschäftigt sind, sorgen sie dafür, dass die Aachener – und nicht nur die – stets ihren geliebten „Schümli" aufbrühen können. Oder eine der anderen wunderbaren Sorten … Schnuppern Sie auch schon den köstlichen Kaffeeduft?

- **Plum's Kaffee, Verkaufsstelle, Körbergasse 14, 52062 Aachen, Tel. (02 41) 3 30 29**
  www.plumskaffee.de
- **ÖPNV: fast alle Buslinien, Haltestelle Elisenbrunnen**

„Könnt' ich mich reinsetzen!"

19 *Ghorban Delikatessen*

Der direkteste Weg vom Dom hoch zum Markt geht bergauf über die Krämerstraße – da kommen einem kurz vor dem Ziel die kulinarischen Verlockungen gerade recht, die Ghorban Delikatessen direkt gegenüber vom Granusturm anbietet. Der Wuppertaler Familienbetrieb, der im Sommer 2014 seine erste auswärtige Dépendance im historischen Aachener Stadtkern eröffnete, bietet in seinem Bistro unwiderstehliche Leckereien an: Olivenöl, Balsamico, Pesto, Sardinen, Grissini, Suppen, Saucen, Konfitüren, Honig, Senf, Pralinen – und neben hervorragenden Weinen auch feinste Käsesorten und Salami, Schinken, Antipasti oder frische Amaretti. Damit bringt Ramin Ghorban sehr gekonnt einen Hauch mediterraner Lebensart in den Alltag. Über 15 Jahre stellt er jetzt seine köstlichen Spezialitäten nach eigenen Rezepten her. Manchmal werden die Produkte auch in anderen Ländern in traditionellen Handwerksbetrieben produziert. Der Firmeninhaber hat mit seinem Familienbetrieb ein kulinarisches Kleinod geschaffen. Mit Liebe, Erfahrung und Sachverstand ist er immer auf der Suche nach den besten Rohstoffen. Und das schmeckt man!

Alles aus der langen Theke kann auch mit nach Hause genommen werden. Wenn man aber einen der begehrten Sitzplätze in diesem stylischgemütlichen Treffpunkt für Genießer ergattert, sei es drinnen oder bei sonnigem Wetter draußen, und Salate oder Antipasti direkt vor Ort verspeisen kann, ist es fast noch mal so schön. Entspannt und gerne mit einem passenden Wein dazu! Wer Beratung braucht, dem freundlichen Personal kann man blind vertrauen.

Vor dem Ghorban sitzen, den uralten steinernen Granusturm und das Aachener Stadtleben im Blick, einen mit Delikatessen appetitlich angerichteten Teller vor sich – das ist Genuss pur und wie ein kleiner Urlaub mitten im Alltag. Es sei an dieser Stelle verraten, dass auch Autorin und Fotografin die Arbeiten am Buch gerne einmal mit einer beglückenden gemeinsamen Mittagspause im Ghorban gekrönt haben …

○ **Ghorban Delikatessen, Krämerstraße 5, 52062 Aachen**
www.ghorban.de
○ **ÖPNV: Bus 4, Haltestelle Markt/Judengasse, wenige Minuten Fußweg**

Die gute Stube der Stadt

 Im Couven-Museum bürgerliche Lebensart erspüren

Die Geschichte des repräsentativen Bürgerhauses am Hühnermarkt beginnt 1662, als der Apotheker Adam Coebergh dort die Adler-Apotheke erbaute. Im Jahre 1783 erwarb Andreas Monheim das Haus und ließ es 1786 durch Jakob Couven, den Sohn des berühmten Architekten und Stadtplaners Johann Josef Couven, umbauen. Das 1958 hier eröffnete „Couven-Museum" geht zurück auf den Kunsthistoriker Felix Kuetgens, der damals Direktor der Städtischen Museen war – er hatte die Idee, die Aachener Wohnkultur des 18. und frühen 19. Jahrhunderts anschaulich und lebensnah in Form kompletter Ensembles darzustellen. So lässt sich in den über 20 Räumen die Entwicklung bürgerlicher Lebensart wunderbar nachvollziehen. Die Einrichtung reicht vom Rokoko über den frühen Klassizismus Louis XVI. und den napoleonischen Empirestil bis hin zum behaglichen Biedermeier. Einen besonderen Schwerpunkt bilden die Möbel im Aachen-Lütticher Barock, einem zur Zeit Couvens charakteristischen Möbelstil in der Region.

Hier gibt es viel zu entdecken! Im Erdgeschoss findet man die Adler-Apotheke, das Kaminzimmer, das Hofzimmer, den kleinen Innenhof, die Küche, zwei Fliesenzimmer und ein Directoirezimmer. Durch das schöne Treppenhaus gelangt man ins Obergeschoss zum Festsaal, der sich über die gesamte Breite des Hauses am Hühnermarkt erstreckt, zum Chinesenkabinett, zum Gläserflur und dem Schlafzimmer sowie dem Grünen Salon. Im Dachgeschoss erwarten einen Silberkabinett, Puppenschrankzimmer, Guckkastenraum, Empire- und Landschaftszimmer sowie das Biedermeierzimmer. Und mit der Rekonstruktion der ursprünglichen Apotheke beherbergt das Couven-Museum sozusagen Aachens Wiege der Süßwarenproduktion, denn hier wurde 1857 zum ersten Mal von Familie Monheim Schokolade hergestellt – die daraus hervorgegangene Marke Trumpf ist bis heute ein Begriff.

Wer etwas über das bürgerliche Leben im Aachen früherer Zeiten erfahren möchte, der kommt am Couven-Museum einfach nicht vorbei – willkommen in unserem historischen Wohnzimmer!

....

○ Couven-Museum, Hühnermarkt 17, 52062 Aachen, Tel. (02 41) 4 32-44 21
www.couven-museum.de
○ ÖPNV: Bus 4, Haltestelle Markt/Judengasse, wenige Minuten Fußweg

Fast wie in der Winkelgasse

21 *Das Café van den Daele*

Neben dem Dom gibt es einen weiteren Ort, wo jeder Aachener seine Besucher von auswärts mindestens einmal hinführt, nämlich dieses verwinkelte, fast verwunschen anmutende, urgemütliche Café. Die berühmte Konditorei gründete der gebürtige Genter und „Printenbaron" Leo van den Daele bereits 1890. Er kam zu seinem Spitznamen durch seine kunstvollen Printen- und Spekulatius-Figuren. Davon zeugt heute noch anschaulich die hübsche Bronzeplastik „Printen-Mädchen", die 1989 von einem späteren Leo van den Daele gestiftet und für jeden Passanten sichtbar an der Ecke des Hauses aufgestellt wurde.

Das historische Gebäude – eigentlich handelt es sich um vier unterschiedliche Häuser, die im Laufe der Jahrzehnte quasi im Inneren miteinander verschmolzen – stammt sogar schon von 1655. Durch die architektonische Symbiose entstanden die verwinkelten Räume und eine enorme Vielzahl von Treppenstufen, die den besonderen Reiz des historischen Hauses ausmachen. Die Möbel im Café sind aus der Blütezeit des „Aachen-Lütticher Barock" und verstärken das wundervolle historische Ambiente.

TIPP *Ein besonderer Genuss ist der Stachelbeer-Baiser-Fladen.*

Seit 2001 führt Familie Kockartz aus dem nahe gelegenen belgischen Hauset das Traditionshaus und serviert ihre von den Aachenern sehr geschätzte, gehobene belgische Pâtisserie sowie weitere Konditor- und Bäckereiprodukte, alles von bester Qualität und auf höchstem Niveau. Traditionelles Handwerk und der Verzicht auf industrielle Fertigmischungen sind nicht nur den Betreibern, sondern auch ihren vielen Stammgästen besonders wichtig. Hier fühlen sich Alte und Junge, Einheimische und Touristen pudelwohl. Schon manches private Sightseeing-Programm wurde kurzerhand geändert, um noch ein wenig länger in diesem gemütlichen Café verweilen zu können, statt schon zur nächsten Sehenswürdigkeit zu spazieren ... Wie auch immer man es macht, die „Alt-Aachener Kaffeestuben van den Daele" sind jedenfalls ein wunderbarer Wohlfühl-Einstieg in einen schönen Aachen-Besuch!

- Alt Aachener Café-Stuben van den Daele, Büchel 18, 52062 Aachen, Tel. (02 41) 3 57 24
  www.van-den-daele.de
- ÖPNV: fast alle Buslinien, Haltestelle Elisenbrunnen

Ein Mann – eine Mission

 Das Büchel-Museum Rote Burg

Wer Aachen schon länger kennt, erinnert sich möglicherweise noch an Charlys Leierkasten, bis Mitte der 80er-Jahre die räuberhöhligste Kneipe am Rande der Altstadt. Dunkel, verräuchert, lebendig und mit unzähligen Dingen vom Flohmarkt an den Wänden – pittoreske Kultkneipe für die studentische Szene und häufig auch Aufreger für das bürgerliche Lager. Das drittälteste Haus der Stadt hat eine wechselvolle und bunte Geschichte, doch im Bewusstsein der Aachener blieb die legendäre Kneipe haften wie lange nichts. Bis jetzt! Denn im Herbst 2018 eröffnete hier das Büchel-Museum Rote Burg. Der Sammler Jörg von der Laage hat das Haus gekauft und dort seinen lang gehegten Traum von einem eigenen Museum in die Tat umgesetzt. Schon während seines Studiums in München kam er mit der Kunstszene in Berührung, und hier legte er auch den Grundstein für seine Sammlung, die heute Hunderte von Exponaten umfasst. Sein Fokus liegt dabei auf dem Maler und Grafiker Emil Orlik, 1870 in Prag geboren, ab 1899 Mitglied der Wiener Secession und 1932 in Berlin gestorben. „Ein einmaliger Künstler, bei mir entbrannte eine Leidenschaft. Er hat Kunst und Kunsthandwerk wieder zusammengeführt", begeistert sich von der Laage. „Er zeichnete, schnitt und druckte selber, weil er nur so das, was er sah, in der Art, wie er es sah, authentisch umsetzen konnte." Die gezeigten grafischen Werke sind nicht nur technisch hervorragend.

TIPP *Sehenswert ist auch der fast unbeschadet erhaltene Gewölbekeller des Hauses aus dem 15. Jahrhundert.*

Neben der ständigen Ausstellung mit den zahlreichen Werken Orliks wird es auch Gastausstellungen geben oder literarische Abende mit Lesungen von Autoren sowie Musikabende zur Förderung junger Musiker. In größeren Abständen soll zu einem Grafik- und Kunstmarkt eingeladen werden. So wird mit dem privat geführten Museum ein spannender Kulturort geschaffen, dessen ambitionierter Hausherr jede Unterstützung verdient. Als Besucher kann man sich an den Exponaten ebenso erfreuen wie an der Ruhe und Klarheit der Raumgestaltung. Kultur pur mitten in der Stadt – ganz wunderbar!

Büchel-Museum Rote Burg, Büchel 14, 52062 Aachen, Tel. (02 41) 88 74 99 88
www.roteburg-buechelmuseum.de
ÖPNV: fast alle Buslinien, Haltestelle Elisenbrunnen

Lebensfreude pur

23 Die Rotunde des Elisenbrunnens als Tanzsaal

Einer der zauberhaftesten Glücksorte der Stadt ist zwischen Anfang April und Ende September die Rotunde des Elisenbrunnens an Sonntagabenden. Denn wenn das Wetter die Veranstaltung nicht wegstürmt, wird dort ab 18 Uhr zu lateinamerikanischen Klängen getanzt. Wer Lust hat, kommt, zahlt seinen Obolus und macht mit – ganz einfach. Dabei wechseln sich die Salsa-Party und der Tango Argentino ab und was wann gespielt wird, verraten die Terminpläne der beiden Veranstalter auf ihren Internetseiten. Beide – und natürlich die Tänzer – sorgen für ein luftig-leichtes Sommergefühl, das die Innenstadt an diesen Abenden durchströmt. Die rhythmische Musik verzaubert und lockt Zuschauer und Neugierige schon an, wenn sich noch gar nicht so viele Tänzer eingefunden haben. Diese kommen nach und nach. Sie bringen ihre Sachen zur bereitgestellten Garderobe oder legen sie ins Regal – im schönsten Pop-up-Tanzsaal der Stadt ist an alles gedacht! Man begrüßt sich, hält ein Schwätzchen und beginnt dann zu tanzen.

Und dafür ist der glatte Steinboden der Rotunde ziemlich ideal. In dem schönen historischen Rund kann mit normalen Tanz- und Tangoschuhen getanzt werden – und es ist viel Platz und eine ganz besondere Atmosphäre. Der Boden muss allerdings vor jeder Veranstaltung gereinigt werden, damit keine Zigarettenkippen oder andere Dinge die leidenschaftlichen Tänzer beeinträchtigen – also haben die Organisatoren neben Sound- und sonstigem Equipment immer auch Putzzeug dabei … Für all diesen Aufwand zahlt man den kleinen Beitrag von einem Euro je Teilnehmer wirklich gern.

Wer nicht mittanzt, schaut mit Freude zu und fühlt sich dabei auch ganz beschwingt. Die große Terrasse des benachbarten Eiscafés ist voll, und findet man dort keinen Platz, steht man einfach mit anderen um die Rotunde herum. Der Elisenbrunnen, sonst eher vom Geräusch anfahrender Linienbusse beherrscht, hat sich für ein paar Stunden in eine südliche Plaza verwandelt – wunderschön!

▶ **Elisenbrunnen, Friedrich-Wilhelm-Platz, 52062 Aachen**
www.salsaaixchange.de, www.tangoimelisenbrunnen.de
▶ **ÖPNV: fast alle Buslinien, Haltestelle Elisenbrunnen**

Die grüne Pause

 Der Elisengarten

Im Herzen der Stadt, dem Dom ganz nah, liegt hinter dem Elisenbrunnen der Elisengarten, ein beliebter Ort für Lern- oder Arbeitspausen bei Einheimischen, aber auch für Touristen zu einem gemütlichen Picknick mittendrin. Er lädt besonders bei freundlichem Wetter zu einer beschaulichen Ruhepause ein. Unentwegt sind hingegen fleißige Gärtner zu beobachten, die für eine bunte Vielfalt an Blumen in der Parkanlage sorgen und den Elisengarten so zu einem der schönsten Grünflecken der Innenstadt machen. Im Frühling bilden Tausende weißer Krokusse und Narzissen ein atemberaubendes Blumenmeer.

Aber nicht immer war der Elisengarten so einladend offen, sein heutiges Gesicht bekam er erst bei seiner jüngsten Neugestaltung. Archäologen hatten den Park zuvor komplett auf den Kopf gestellt, von August 2008 bis Februar 2009 wurden hier Ausgrabungen vorgenommen, bei denen beeindruckende Funde zutage kamen. Davon zeugt heute noch die Archäologische Vitrine im Elisengarten, die anschaulich Ausschnitte der 5000-jährigen Aachener Siedlungsgeschichte präsentiert. Der eigenwillige Pavillon besteht aus einer luftigen Edelstahlkonstruktion, durch die man vollständig hindurchblicken kann. Großzügige Sitzterrassen aus Rasenstufen, die an ein Amphitheater erinnern sollen, und ein lang gezogenes Wasserbecken hinter dem Elisenbrunnen prägen das heutige Bild der schönen Parkanlage. Hier lässt man sich gerne nieder, um einfach mal im Grünen zu verschnaufen oder in erholsamer Untätigkeit ein bisschen kaiserstädtische Atmosphäre auf sich wirken zu lassen.

TIPP *Der frische Pfefferminz-Ingwer-Tee im Elisenbrunnen-Restaurant schmeckt einfach klasse.*

Und wer Lust auf einen kleinen Imbiss hat, ist im Elisenbrunnen-Restaurant bestens aufgehoben, das eine liebevolle, ehrliche Küche für jeden Appetit und ein reichhaltiges Getränkesortiment bietet – hier kann man sich auf der großen Terrasse oder auch in den gemütlich-modernen Galerieräumen wunderbar festquatschen …

- Elisengarten, Friedrich-Wilhelm-Platz, 52062 Aachen
  www.aachen.de/elisengarten
- ÖPNV: fast alle Buslinien, Haltestelle Elisenbrunnen

So schmeckt die Stadt

 Aachen häppchenweise

Natürlich gibt es in Aachen auch eine Sightseeing-Tour mit einem Doppeldecker-Bus – doch weil das historische Stadtzentrum innerhalb des Grabenringes ohnehin überschaubar und vor allem fast durchgängig Fußgängerzone ist, erläuft man sich die Stadt viel besser, als sich nur um sie herumfahren zu lassen.

Neben ganz normalen Stadtführungen und manch origineller Motto-Führung, über die die Touristen-Information am Elisenbrunnen bestens Bescheid weiß, gibt es mit „Aachen häppchenweise" eine ganz besondere Stadtführung – privatinitiativ entwickelt und organisiert von ein paar engagierten Unternehmerinnen und erfahrenen Kennerinnen Aachens, die ihre gemeinsame Freude an der Stadtgeschichte und ihre Mission für die gute Sache verbindet. Auf charmanten Touren führen sie ihre Gäste eloquent und sachkundig entlang verschiedener fußläufiger Sehenswürdigkeiten durch die hübsche Altstadt – inklusive kleiner Stopps zum Probieren von typischen Aachener Spezialitäten, seien es das schwefelhaltige Thermalwasser des Elisenbrunnens (einmal im Leben muss man wenigstens ein Schlückchen davon getrunken haben!), ein Häppchen Sauerbratensülze, ein Stückchen Reisfladen oder die legendären Aachener Printen. Zum Abschluss der Führung gibt es dann noch ein Gläschen Printen- oder Kräuterlikör.

> **TIPP** Kopfsteinpflaster-Alarm – den schlauen Aachen-Besucher erkennt man an flachen Schuhen.

Das aber wirklich ganz Besondere ist: Alle gemeinsam – die Führerinnen und Führer, die beteiligten Unternehmen, die ihre Produkte spenden, und natürlich auch die Gäste – unterstützen mit „Aachen häppchenweise" hilfsbedürftige Kinder und Jugendliche, denn der Reinerlös geht an gemeinnützige regionale Organisationen. Mittlerweile kamen so seit der ersten Häppchen-Führung im Jahr 2008 an die 100.000 Euro für die verschiedensten Spendenzwecke zusammen.

„Aachen häppchenweise" – eine bemerkenswerte Initiative, die dazu großen Spaß macht und den Besuchern Aachens ein Stückchen der genussfreudigen Seite der Stadt erschließt.

◯ Interessensgemeinschaft „Aachen häppchenweise", Pontstraße 60, 52062 Aachen
www.aachen-häppchenweise.de
◯ ÖPNV: fast alle Buslinien, Haltestelle Elisenbrunnen

Urig seit eh und je!

26 *Das Stehgraa, die kleinste Kneipe in NRW*

Weil das große Wirts- und frühere Brauhaus Degraa heißt, haben die Aachener die klitzekleine angegliederte Bierschänke kurzerhand und wahrscheinlich schon kurz nach ihrer Eröffnung 1951 „Stehgraa" getauft. Obwohl es sogar an der Wand entlang schmale Sitzbänke gibt und gar nicht alle stehen müssen. Der kleine gemütliche Raum, im Sommer dank geöffneter Fenster spontan erweiterbar auf den Bürgersteig, wird beherrscht von einer lang gezogenen, blank geputzten Theke, hinter der meistens die Pächter Cathie und Uwe Maaßen selbst an den Zapfhähnen stehen und ihre durstigen Gäste mit Nachschub versorgen.

Das Stehgraa ist Aachen in Reinkultur – und wer sich als Auswärtiger oder Zugezogener der fröhlichen Geselligkeit anschließt, wird viel Spaß haben. Hier treffen Schauspieler und Musiker des gegenüberliegenden Stadttheaters auf Büromenschen der benachbarten Firmen. So trinkt man gelegentlich ganz zufällig neben einem Prominenten sein Bier, und während der fünften Jahreszeit quetscht sich auch schon mal ein komplettes Karnevalsprinzengefolge auf Stippvisite in die kleine Kneipe. Mit fortschreitender Stunde wird es im Stehgraa immer lebhafter und lustiger, das nicht zuletzt deshalb die geliebte Stammkneipe vieler Öcher geblieben ist.

Von manch prominentem Besucher und außergewöhnlichen Abenden zeugen die vielen kleinen gerahmten Bilder an der langen Wand – hier entdeckt man Johannes Heesters unter Gottfried John, neben Hansjörg Felmy und über Heinrich Schafmeister. Und man beachte die Farbe dieser und aller anderen Wände im Raum: sie wurde, solange das Rauchen in Kneipen noch erlaubt war, sorgfältig von den Gästen zusammengequarzt und soll niemals in das ursprüngliche, nikotinfreie Weiß zurückrenoviert werden. Denn niemand mag sich das Stehgraa als hellen, freundlichen Raum vorstellen! Freundlich sind hier die Menschen, da darf das Ambiente gerne so gemütlich dunkel, ja fast spelunkenhaft bleiben wie – gefühlt – schon immer!

● Stehgraa, Kapuzinergraben 4, 52062 Aachen, Tel. (02 41) 3 66 92
● ÖPNV: fast alle Buslinien, Haltestelle Elisenbrunnen

Eine bestrickende Auswahl

27 *Im Zeina Strumpfmagazin*

Nicht alle besonderen kleinen Läden in Aachen können in historischen Gebäuden ansässig sein – aber manche sind dafür einfach selbst ein Stückchen (jüngere) Geschichte. So auch das Zeina Strumpfmagazin mitten im Zentrum am belebten Elisenbrunnen. Denn hier gibt es nicht nur Unmengen schöner Strümpfe und dazu die passende Beratung, sondern auch die kaum noch zu findende Möglichkeit, Strümpfe in Reparatur zu geben! Übrigens brachte schon die Mutter der Autorin Mitte der 1960er-Jahre ihre Nylons hierher, wenn sie kaputt waren. Den Beruf der selbstständigen Repassiererin findet man heutzutage kaum noch, und so ist auch die Laufmaschen-Zauberin des Strumpfmagazins schon eine ältere Dame. Doch zu tun gibt es für sie genug, denn auch heutzutage gibt es zahlreiche Kundinnen und Kunden, die insbesondere ihre kostspieligeren Strümpfe lieber reparieren lassen möchten, als sich gleich ein neues Paar zu kaufen.

Die Inhaberin Zeina Schneider hat den Laden 2016 von der Vorbesitzerin übernommen. Sie berät ausführlich, sehr individuell und kompetent und hat im Geschäft eine enorm große Auswahl zu bieten: Damen- und Herrenstrümpfe, hauchzarte Sneakersöckchen mit Spitzenborte, kuschelige Woll- und Wohlfühlsocken, aber auch robuste Wanderstrümpfe. Einfach für jeden Fall das Richtige. Traditionelle Marken sind hier ebenso vertreten wie junge, sehr modische Labels, vom Stütz- bis zum Netzstrumpf ist alles da! Besonders die Damenwelt gerät beim Besuch des Strumpfmagazins regelmäßig in angenehmste Entscheidungsschwierigkeiten. Zumal es auch Leggings, Bodys, Strings oder Strapse gibt, außerdem sehr schöne bequeme Kleidung rund um das Thema Yoga. Man staunt, was alles in das kleine Geschäft hineinpasst! Selbstverständlich kann alles in Ruhe anprobiert werden, und es ist in dieser persönlichen, warmen und freundlichen Atmosphäre ein großes Vergnügen, das Sortiment zu durchstöbern und am Ende glücklich mit dem Gekauften den Laden wieder zu verlassen. Die zahlreichen Stammkundinnen und -kunden wissen schon, was sie an ihrem Strumpfmagazin haben.

▶ **Zeina Strumpfmagazin, Friedrich-Wilhelm-Platz 7, 52062 Aachen**
▶ **ÖPNV: fast alle Buslinien, Haltestelle Elisenbrunnen**

Was machen die denn da?

28 *Das Klenkes-Denkmal*

Der „Klenkes" – der kleine Finger – ist eine Art Aachener Wahrzeichen. Zwar um einiges kleiner als der Dom, aber man hat ihn wenigstens immer dabei. In 60er-Jahren, als das Reisen mit dem Auto noch besonders war und man sich zum Beispiel am Lago Maggiore über den Weg fuhr, war der emporgereckte Klenkes der rechten Hand ein beliebter Gruß von Aachener zu Aachener. Diese nette Geste verliert etwas an Bedeutung, doch der Klenkes als Symbol ist und bleibt wichtig.

Wie es zur Ehrung des kleinen Fingers kam, ist aus heutiger Sicht eher unrühmlich. Anfang des 19. Jahrhunderts gab es in Aachen 17 Nadelfabriken mit rund 7500 Arbeitern, darunter viele Kinder. Das Sortieren der Nadeln dürfte wohl zu einem großen Teil in ihren Händen gelegen haben. Besonders wichtig war dabei der kleine Finger, denn die Tätigkeit, das Ausklinken der fehlerhaften Nadeln am Band, führte bei den Menschen zu Fehlstellungen und Wuchsfehlern. Daher konnten sich Aachener in der Ferne auch ohne Worte oft am missgebildeten kleinen Finger erkennen. So entstand am Ende der Gruß – wann genau, scheint nicht mehr nachvollziehbar.

Als verbindendes und positives Symbol ist der Klenkes den Aachenern bis heute wichtig und wurde unter anderem Namensgeber für das beliebte Stadtmagazin, das 1975 gegründet wurde, und den Verein Aachener Klenkes Komitee, der seit 1988 Institutionen für behinderte Kinder und Jugendliche unterstützt. Und als 1984 der Funkturm im Aachener Wald gebaut wurde, bekam er vom Volksmund den Namen „Mulleklenkes", was so etwas wie sprechender Klenkes bedeutet.

Das bronzene Standbild, das der Aachener Bildhauer Hubert Löneke für seine Stadt schuf, erinnert schon seit 1970 sehr sympathisch an den Klenkes. Es steht am Holzgraben, genau zwischen der Altstadt und einer Shopping-Fußgängerzone, und ist sehr beliebt für Gruppenaufnahmen – „Stell dich da mal drauf!" – mit nur einem Menschen.

○ **Klenkes-Denkmal, Kreuzung Peter-/Ursulinerstraße (nahe des Elisenbrunnens), 52062 Aachen**
○ **ÖPNV: fast alle Buslinien, Haltestelle Elisenbrunnen**

Gespür für Sehnsüchte

29 *Martha Mode*

In der hellen, freundlichen Boutique martha findet sich wirklich immer etwas besonders Schönes. Und das schon seit 1977, also seit mehr als 40 Jahren. Das liegt nicht nur daran, dass die heutige Inhaberin und ihre sympathischen Mitarbeiterinnen ein gutes Gespür für die Wünsche ihrer Kundinnen haben, sondern auch an den ausdrucksstarken Labels, die man hier bekommt. So war das Geschäft das erste, das einst Marken wie Evelin Brandt oder Fox's nach Aachen brachte.

Sabine Lohmann und Partner Michael Pfeiffer führen das Geschäft in der gepflegten und belebten Elisengalerie mit viel Sachverstand, Engagement und Leidenschaft. Sie kennen die Vorlieben ihrer Stammkundschaft und haben diese bereits bei den Einkaufsreisen in die Modemetropolen im Kopf. Aber natürlich auch zufällig hereinkommende Touristinnen erfreuen sich an der individuellen Mode und der handverlesenen Auswahl an Accessoires, die ja das letzte i-Tüpfelchen beim neuen Look sind. Man wandelt an den gut sortierten Kleiderstangen entlang – von witzig-frech über edel-feminin bis puristisch-lässig, von farbenfroh bis monochrom ist hier für jeden guten Geschmack etwas dabei! Alles schick, die hochwertigen Materialien sorgfältig verarbeitet. Nichts für nur eine Saison …

Die Umkleidekabinen sind hell und geräumig, der Spiegel davor ist sensationell groß, und die Beratung ist unaufdringlich, ehrlich und auf Augenhöhe. Die schlanken wie auch die runderen Damen finden hier nicht nur ein neues Lieblingsteil, sondern auch eine Mitarbeiterin mit dem jeweils richtigen Verständnis für ihre ganz individuellen Wünsche. Das tut gut und so macht „Klamotten shoppen" richtig Spaß! Es ist daher keineswegs überraschend, dass nicht nur viele Aachenerinnen hier regelmäßig einkaufen, sondern dass ebenso viele Auswärtige bei ihren Besuchen in der Stadt gerne auch einen beglückenden Aufenthalt bei martha in ihr Programm einbauen.

- martha, Friedrich-Wilhelm-Platz 5–6, 52062 Aachen
  www.martha-mode.de
- ÖPNV: fast alle Buslinien, Haltestelle Elisenbrunnen

Fast wie Meditation

30 *In der Elisabethhalle*

Na gut, während der Schulschwimmstunden ist es hier manchmal nicht ganz so ruhig, aber zu anderen Tageszeiten ist hier jeder gut aufgehoben, der ein ganz besonderes Schwimmerlebnis sucht – in diesem traumschönen und stilvollen Ambiente kann man nahezu gedankenverloren seine Bahnen schwimmen.

Die mitten im Stadtzentrum gelegene Elisabethhalle ist ein städtisches Hallenbad und gehört zu den wenigen noch erhaltenen Schwimmhallen im Jugendstil. Sie wurde 1911 erbaut. Joseph Laurent, der einstige Stadtbaumeister Aachens, entwarf sie. Natürlich mussten Frauen und Männer, wie es unter Kaiser Wilhelm II. üblich war, getrennt schwimmen, weshalb es für die Damen eine kleine und für die Männer eine große Halle mit je einem eigenen Becken gab. Besonders edel wirken die beiden Brunnen – der eine mit dem Relief „Badende Frauen" und der große Neptunbrunnen. In beiden Hallen stehen für die Badegäste auf zwei Ebenen geräumige Umkleidekabinen zur Verfügung, mit einem ganz besonderen Detail: Man betritt sie durch eine Tür, zieht sich um und steht dann quasi direkt am Beckenrand, wenn man den Vorhang öffnet.

Die Elisabethhalle besaß früher auch ein Dusch- und Wannenbad, ein römisch-irisches Schwitzbad, und sogar für die treuen Vierbeiner hatte man ein Bad gebaut. Heute sind nur noch die Duschen und die beiden Schwimmhallen in Betrieb, doch der nostalgische Charme ist unverändert – die Fliesen sind original, der Boden ist es auch, ebenso wie Mobiliar und Ausstattung, und so wähnt man sich fast am Anfang des letzten Jahrhunderts.

Wer auf das klare blaue Wasser unter dem hohen Deckengewölbe schaut, der freut sich, dass die Elisabethhalle so geblieben ist, wie sie erschaffen wurde. Das Schwimmen mit Stil wird regelmäßig von etwas mehr als einem Zehntel der gesamten jährlichen Aachener Schwimmbadbesucher geschätzt – und wer einmal in der Elisabethhalle geschwommen ist, kann das sehr gut verstehen.

Elisabethhalle, Elisabethstraße 10, 52062 Aachen
www.aachen.de
ÖPNV: fast alle Buslinien, Haltestelle Elisenbrunnen

Im Paradies für Bierliebhaber

31 *Hopfen + Malz Bierladen*

Ein besonders schöner Laden voller Bier – und mit Geschäftsführer Christian Küppers auch voller Bierwissen, denn er ist geprüfter Biersommelier – ist der Hopfen + Malz Bierladen im Zentrum von Aachen. Und der ist keineswegs nur bei Männern beliebt, Frauen schätzen das interessante Craft Beer ebenso. Hier gibt es etwa 400 Sorten Bier, die man direkt kaufen kann, inklusive der fachmännischen Beratung, und zur Auswahl stehen hauptsächlich Craft-Biere von Kleinstbrauereien. Natürlich gibt es im Bottle Shop auch Gläser, Geschenke, Literatur und manches mehr rund ums Bier. Wer kennt zum Beispiel einen Growler? Das ist eine größere, dicht verschließbare Kanne. Nicht ganz neu, denn in früheren Jahren, als Flaschenbier noch nicht so verbreitet war, holte man mit dem sogenannten Siphon das frisch gezapfte Bier aus der Kneipe. Im Hopfen + Malz gibt es aber auch Bier vom Fass, das direkt im Laden genossen werden kann. Die Sorten aus den sechs Zapfhähnen wechseln, wenn eines der Fässer leer ist. Sie können auch in einem fröhlichen Bier-Tasting verkostet werden, der Sommelier erklärt und erzählt Geschichten rund um das alkoholische Getränk. Darüber hinaus werden für den Genuss vor Ort mit der wöchentlich wechselnden Kühlschrankkarte ungefähr 25 weitere Biere angeboten. Äußerst beliebt ist der Braukurs, bei dem im Laufe des Tages ein Bier gebraut wird, auf das sich die Teilnehmer vorher geeinigt haben. Aufgrund der sehr großen Malz-, Hefe- und Hopfenauswahl sind der Kreativität – auch außerhalb des deutschen Reinheitsgebotes – keine Grenzen gesetzt. Ein großer Spaß! Ein monatlicher Hobbybrauer-Stammtisch rundet das vielseitige Angebot ab.

Thorsten Alles, auch Inhaber eines etablierten Getränkemarktes, erfüllte sich mit dem Hopfen + Malz einen persönlichen Traum, den er zur Freude der Aachener Bierliebhaber 2016 in die Tat umgesetzt hat – die Resonanz der begeisterten Kunden, die vielfach auch aus der Umgebung kommen, spricht für sich. Na, dann zum Wohl!

Hopfen + Malz Bierladen, Franzstraße 17, 52064 Aachen, Tel. (02 41) 46 35 84 40
www.hopfenundmalz.de
ÖPNV: Bus 2, 5, 11, 12, 14, 21, 22, 23, 24, 25, 31, 35, 43, 45, 51, 53, 55, 75,
Haltestelle Alter Posthof

Bunte Welt in Vintage

 Bei Margoo

Wer den Laden hinter der schlichten glatten Glasfassade zum ersten Mal betritt, ist wegen des unerwarteten Kontrastes überrascht und dann auf der Stelle bezaubert von dem ganz besonderen Einrichtungsstil – ein bisschen Loft, ein bisschen Vintage, individuell und einfach stimmig. Das Gespür für Schönes ist offensichtlich. Die Inneneinrichtung wurde komplett selbst entworfen. So findet man zum Beispiel zu Regalen umfunktionierte Baugerüste oder Deckenträger, alte Feuerwehrschläuche oder aufgearbeitete Einzelstücke. Eine perfekte Bühne für die unzähligen und sorgfältig ausgewählten Designprodukte, die hier mit Muße entdeckt werden wollen – jedes noch so kleine Objekt hat seinen Platz in der harmonischen Ausstellung. Inhaberin Marita Vonhoegen präsentiert hier seit 2015 auf 120 Quadratmetern Ladenfläche individuelles Design – alles andere als langweilig und mit viel Liebe ausgesucht. Der Fokus liegt auf Produkten von Jungdesignern, die sie auf Messen entdeckt hat, ebenso wie auf Fair-Trade-Artikeln. Marita Vonhoegen entwirft selbst vor allem wunderschönen Schmuck und einfallsreiche Filzartikel. Aber es gibt nicht nur Schmuck, sondern auch Taschen, Tücher und Schals, Kissen und Decken, Bekleidung und Schuhe, Kleinmöbel, Deko- und wunderbare Geschenkartikel sowie Grußkarten und Souvenirs. Alles, womit man anderen oder sich selbst eine Freude bereiten kann. Man kann hier stundenlang stöbern und immer wieder neue Dinge entdecken, die man gerne verschenken oder am liebsten gleich selbst behalten möchte. Ob puristisches Design aus Skandinavien oder verspielt Buntes aus Peru: Bei Margoo findet man einen kunterbunten Mix an schönen Dingen aus der ganzen Welt – besonders und trotzdem bezahlbar.

Margoo ist ein Familienprojekt, ein beglückender Farbtupfer in der Aachener Einkaufswelt, und man spürt die Freude, mit der der Laden geführt wird, sobald man ihn betritt.

TIPP: Man sollte hier eines nicht sein – in Eile.

▶ Margoo Concept Store, Franzstraße 17, 52064 Aachen, Tel. (02 41) 88 74 84 55
www.margoo.de
▶ ÖPNV: Bus 2, 5, 11, 12, 14, 21, 22, 23, 24, 25, 31, 35, 43, 45, 51, 53, 55, 75,
Haltestelle Alter Posthof

Fühlen Sie mal den Teig!

33 *Führung in der Printenbäckerei Klein*

Im Vorbeigehen ein Kistchen Öcher Printen kaufen und dann selber essen oder als typisches Mitbringsel aus Aachen verschenken, das kann jeder! Viel spannender ist es, zu erfahren, woher die Printe kommt, wie sie gebacken wird und warum sie ist, wie ist. Niemand in der ganzen Stadt erzählt das so lebhaft und anschaulich wie Heinz Klein, gut gelaunter Seniorchef der (!) Printenfamilie Klein. Der Mann liebt, was er macht! Alle hier im Familienunternehmen tun das, das ist deutlich spürbar. Ur-Öcher Handwerk in der vierten Generation, Erfolg durch das Widerstehen gegen die Verlockungen der Expansion und durch konsequente Spezialisierung. Hier in der Backstube des Stammhauses, unweit vom Marschiertor, backt man seit 1912 und schon sehr lange nichts anderes als „nur" Printen: in liebevoller Handarbeit gefertigt, fachmännisch gebacken. Das Rezept, in der Familie von Generation zu Generation weitergereicht, ist dabei – über die allgemein bekannten Grundzutaten hinaus – selbstverständlich ein wohlgehütetes Geheimnis.

Printen sind für die Aachener nicht nur eine verschenkfähige Spezialität, sondern sie essen sie tatsächlich selbst – nicht nur zur Weihnachtszeit, auch wenn das viele Nicht-Aachener immer denken. Printen werden zum Kaffee geliebt, sie aromatisieren Eis und Likör, stecken in leckersten Desserts, und sie verhelfen dem hiesigen Sauerbraten zu seiner wunderbaren Sauce. Ihre herbe Süße ist recht unnachahmlich und deshalb auch in der herzhaften Küche eine spannende Komponente. Mit Leidenschaft und charmantem Witz erklärt Heinz Klein seinen Besuchern alles rund um die Printe. So etwas sucht schon seinesgleichen – und so wird die Führung in der Printenbäckerei zum wahrhaft launigen Highlight für alle.

Printenbäckerei Klein, Franzstraße 91, 52064 Aachen, Tel. (02 41) 47 43 50
www.printen.de
ÖPNV: Bus 2, 5, 11, 12, 14, 21, 22, 23, 24, 25, 31, 35, 43, 45, 51, 53, 55, 75, Haltestelle Alter Posthof

Weiterfahrt ungefährlich

34 *Der Paternoster im Hochhaus am Bahnhof*

Ein veritables Technikdenkmal in einem Verwaltungsgebäude, dessen Namen – wetten?! – kein Aachener kennt. Denn für die Bürger der Stadt ist Haus Grenzwacht stets nur „das Hochhaus". Hier haben sie schon immer all das erledigt, was man zum Beispiel in einem Einwohnermeldeamt so erledigen muss.

Haus Grenzwacht ist eines der ersten Hochhäuser Deutschlands in Stahlskelettbauweise, 1925 im Rohbau errichtet und nach langem Gezerre um Zuständigkeiten 1930 fertiggestellt. Ursprünglich besaß das Gebäude eine unverputzte Ziegelsteinfassade, später wurde diese durch den gelblichen Eifeler Tuffstein ersetzt. Und so steht es auch heute noch am Bahnhofsvorplatz, wird nach wie vor als Verwaltungsgebäude von der Stadt genutzt, ist in der Denkmalliste eingetragen und gilt mitsamt der auf dem Turmdach befindlichen Wettersäule als eines der Wahrzeichen Aachens.

Das wirklich Interessante aber ist der Personen-Umlaufaufzug, so die fachgerechte Bezeichnung, also der „Paternoster"! Er darf per Gesetz nicht mehr öffentlich genutzt werden, sondern nur von Mitarbeitern der Stadtverwaltung. Aber er ist natürlich da und läuft, und eine Paternoster-Polizei sitzt dort auch nicht. Dieser Öcher Oldtimer dreht störungsfrei mit 0,25 Metern pro Sekunde seine Runden und hat eine Förderhöhe von 31 Metern – bis zum zehnten Stock wäre man zwei Minuten unterwegs. Und nein, es war wirklich nie gefährlich, oben und unten „durchzufahren", denn die Kabinen bleiben aufrecht! Von den sehr wenigen Unfällen mit Paternostern ist in Aachen kein einziger passiert. Doch der Neubau von Paternoster-Aufzügen ist seit Mitte der 1970er-Jahre verboten, und als 1993 die noch laufenden Anlagen ganz abgeschafft werden sollten, hagelte es Proteste von Liebhabern der praktischen Technik, es gründete sich sogar der „Verein zur Rettung der letzten Personenumlaufaufzüge". So konnten schlussendlich einige dieser Technikdenkmäler erhalten bleiben – vorwiegend in älteren Büro- und Verwaltungsgebäuden. Gucken und staunen – das wenigstens ist immer dann erlaubt, wenn unser Hochhaus sowieso geöffnet hat!

....

 Verwaltungsgebäude Bahnhofplatz, Hackländerstraße 1, 52064 Aachen
www.serviceportal.aachen.de
 ÖPNV: fast alle Buslinien, Haltestelle Hauptbahnhof

An den Wolken kratzen

 Die Rooftop-Terrasse des Uptown

Das eher kuschelige Aachen ist nicht die Stadt vieler Hochhäuser und verfügt deshalb auch nicht über eine typische Skyline, anhand derer man es auf einen ersten Blick erkennen könnte. Welche Gebäude aber eine unverkennbare Silhouette haben und auch dicht nebeneinander stehen, sind der Dom und das Rathaus. Die beiden sind der wichtigste Bestandteil unserer „Nicht-Skyline", doch man kann sie nicht von vielen Punkten der Stadt aus einwandfrei sehen – aber zum Beispiel vom Uptown aus!

Seit ein spanisches Unternehmen im Jahr 2016 das Hotel eröffnete, hat auch Aachen seine Rooftop-Terrasse, die zu dem weitestgehend verglasten Dachrestaurant – dem Uptown – gehört. Hier bietet sich bei fast vollständiger Rundumsicht natürlich auch ein toller Blick auf die beiden historischen Wahrzeichen der Stadt. Je nachdem, von wo das Licht gerade kommt, kann man hier beeindruckende Fotos machen – der beste Standort ist dabei übrigens die Brüstung direkt neben der Terrassentür auf der rechten Seite.

So ist das Uptown ein von der Lage her außergewöhnlicher, stylisch eingerichteter und zugleich gemütlicher Treffpunkt, um sich – vor allem bei freundlichem Wetter – des schönen Ausblicks wegen auf einen Mittagsimbiss oder auf einen entspannten Drink nach Feierabend zu treffen. Die einfallsreiche Karte bietet einiges an kleineren Gerichten, aber auch ein paar konventionellere Hauptgerichte. Die Bar im Uptown ist ebenfalls bestens sortiert, und das Programm reicht von DJ-Abenden über Ausstellungseröffnungen bis zu unterschiedlichsten Liveacts und sorgt für trubeliges und junges Leben auf dem Dach. Auch frühstücken lässt es sich sonntags hier ganz prima und dann natürlich in aller Ruhe und die Morgensonne genießend.

Bei allem ist immer der wunderschöne Blick auf die Stadt das Besondere – den sollte man sich wirklich mal angesehen haben.

○ **Uptown Skylounge & Restaurant, Sandkaulstraße 20, 52062 Aachen, Tel. (02 41) 51 03 70**
www.uptown-aachen.de
○ **ÖPNV: zahlreiche Buslinien, Haltestelle Bushof**

Allerschönste Sticheleien

 Im Atelier Handmade von Björn Becker

Für ein maßgeschneidertes Kleidungsstück gilt vor allem eines: Es braucht Zeit. Schon beim ersten Termin, wenn der sympathische Modedesigner mit seinen Kunden ausführlich darüber spricht, was gewünscht ist, sorgfältig Maß nimmt und die Vorauswahl für das Material getroffen wird, darf niemand in Eile sein. Ist der Entwurf fertig und gefällt, wird das Kleidungsstück zunächst aus Nessel genäht und bei der ersten Anprobe perfektioniert. Erst dann beginnt die Arbeit mit dem Originalmaterial. Material ist Björn Becker wichtig: „Wir lassen nichts so nah an unseren Körper wie das Kleidungsstück, das wir gerade tragen. Es begleitet uns durch den Tag, ob im Beruf, zu einem besonderen Anlass oder für den schönsten Moment im Leben." Björn Becker ist gelernter Maßschneider, studierter Modedesigner und glücklich, im eigenen Atelier das klassische Handwerk der Schneiderei mit modernem Design zu verbinden. Er macht natürlich nicht jeden Stich selbst, unterstützt wird er von angestellten Modistinnen und Schneiderinnen.

Das schöne, große Ladenlokal „Handmade in Aachen" mit der beeindruckend hohen Stuckdecke beherbergt zwei unabhängige Ateliers unter einem Dach, das von der Hutmacherin und Modistenmeisterin Julia Pauly und Björn Beckers. Auf Wunsch kann er so jedem seiner Kleidungsstücke auch die perfekte Kopfbedeckung als i-Tüpfelchen dazugeben. Die Liebe zur Perfektion ist groß, das zeigt sich auch zweimal im Jahr bei der quirligen Modenschau im Haus. Die schön geschnittenen Modelle möchte man am liebsten gleich selbst besitzen, jedes für sich einzigartig! Sie werden im großen Showroom gezeigt, der nahtlos in den Atelierbereich übergeht, so kann jeder sehen, wo und wie die Stücke entstehen. Björn Becker gibt auch Nähkurse, er und sein Team stehen dann mit Tipps und Kniffen bei selbst geschneiderten Traumkleidern zur Seite.

Die Anfertigung eines Traum-Brautkleides dauert übrigens ein bis zwei Monate. So bietet sich mit jeder Anprobe ganz nebenbei ein beglückender Grund, einen Abstecher in die Aachener Innenstadt zu unternehmen.

○ Atelier Handmade in Aachen, Björn Becker Modedesign, Theaterstraße 49, 52062 Aachen, Tel. (02 41) 99 77 46 77, www.beckermodedesign.de
○ ÖPNV: Bus 7, 27, 33, 34, 37, 54, Haltestelle Wallstraße

Mehr Sein als Schein

37 Das Suermondt-Ludwig-Museum

Im Museum spürt sofort die nahezu wohnliche Atmosphäre des ehemaligen Stadtpalais, das sich der Kratzenfabrikant Eduard Cassalette von 1884 bis 1888 nach venezianischen Vorbildern im Stil der Neorenaissance erbauen ließ. Es fehlt weder die noble Kutscheneinfahrt – durch die man heute das Museum betritt – noch der rückwärtig gelegene Garten. Eindrucksvoll zeigt sich die einstige Blütezeit der Aachener Textilindustrie und ihrer Zulieferer. Auch wenn das Haus Cassalette an einer viel befahrenen Straße liegt, so lohnt es trotzdem, sich das gesamte Gebäude samt modernem Anbau einmal von der gegenüberliegenden Straßenseite aus anzusehen. Die reich dekorierte Fassade mit ihren vielen Säulen, Friesen und Figuren ist einen langen Blick wert. Aber auch innen ist das Gebäude ein echter Hingucker. Man kann zum Beispiel die in Teilen erhaltenen ursprünglichen Kassettendecken und Wandmalereien betrachten, die in der Kutscheneinfahrt, im Treppenhaus, aber auch in einigen anderen Räumen noch zu sehen sind.

Die Geschichte des Museums beginnt 1877 mit der Gründung eines Museumsvereins, 1882 dann schenkte der Unternehmer Barthold Suermondt dem Verein über 100 Gemälde. Im Laufe der Zeit wuchs die Sammlung stetig – auch dank der mehr als 300 Schenkungen und Leihgaben des Aachener Fabrikantenpaares Peter und Irene Ludwig, Kunstsammler von Weltgeltung. Heute gehört das Suermondt-Ludwig-Museum mit einem Bestand von etwa 1500 Gemälden, 700 Skulpturen, 10.000 grafischen Blättern und einer großen kunstgewerblichen Sammlung zu den größten kommunalen Museen Deutschlands. Mit einer sehr bedeutenden Sammlung von Skulpturen vom 12. bis zum 16. Jahrhundert und wechselnden Ausstellungen beginnt im Erdgeschoss die Entdeckung des Museums. Die Bestandsausstellung ganz oben, mit Malerei des 19. und 20. Jahrhunderts, beschließt den Rundgang. Eine besondere Freude ist das Museum für Liebhaber der Glasmalerei, denn eine sehr beachtliche Ausstellung mit Werken vom 14. bis zum 16. Jahrhundert ist ebenfalls im Museum zu sehen. Alles in allem ein wahrer Schatz …

○ Suermondt-Ludwig-Museum, Wilhelmstraße 18, 52070 Aachen, Tel. (02 41) 4 79 80-40
www.suermondt-ludwig-museum.de
○ ÖPNV: Bus 3, 13, 36, Haltestelle Augustastraße Suermondt-Ludwig-Museum

Der Herr der Taschen

38 *Zeitlose Accessoires von Volker Lang*

Sie sind alle aus bestem Leder, sie sind alle mit typischem Glencheck-Karo gefüttert, und sie werden alle in Aachen erdacht – die hinreißenden Taschen, Etuis, Portemonnaies und Mappen von Volker Lang, der von hier aus mit einem treuen Stamm von Mitarbeitern sein Unternehmen betreibt. Jedes einzelne Modell ist exquisit – doch insbesondere der charmante Retro-Look der kleinen, mittelgroßen und richtig großen Bügelhandtaschen hat es vielen Kundinnen angetan. Das war schon in Hamburg so, im 1983 von Volker Lang gegründeten, kleinen Kaufhaus für Mode und Design, dem „Kaufrausch", Stammhaus des studierten Mode-Designers. Hier entwarf und nähte er seine erste Ledertasche, und so begann diese große Liebe …

Seit Mitte der 1990er befindet sich die Firmenzentrale in Aachen, und betritt man den weitläufigen Arbeits- und Verkaufsraum am Alleenring, fällt der Blick sofort auf die Vielfalt von Taschen in allen Regenbogenfarben. Allesamt in Handarbeit gefertigt und von bester Verarbeitung. Es ist tatsächlich eine Herausforderung, nicht in einen kleinen Kaufrausch zu verfallen! Allen Lederwaren hier ist die handwerklich solide Fertigung in traditionellen Feintäschnerbetrieben und die Qualität des Materials anzumerken, ja, anzufühlen! Es werden robuste Rindsleder, glänzende Anilinleder, weiche Veloursleder oder geprägte Kalbsleder aus traditionellen Gerbereien in Italien und Österreich verarbeitet. Fester Bestandteil der Auswahl ist auch ein rein vegetabil gegerbtes, gewachstes und von Hand gewalktes Sattelleder.

Und eigentlich möchte man am liebsten gar nicht direkt etwas kaufen, sondern erst einmal eine Weile den Menschen zuschauen, die dort an großen Tischen mit Leder und allerlei spannendem Zubehör arbeiten, ob nun gerade etwas ganz Neues entsteht oder ein jahrelang geliebtes Stück repariert wird. Konzentration und Zufriedenheit liegen in der Luft – es ist eine eigene Welt, die sich in diesem großen Raum offenbart. Handwerk und Kreativität in schönster Einigkeit.

⬤ **Volker Lang Accessoires GmbH, Heinrichsallee 66, 52062 Aachen**
www.volker-lang-accessoires.de
⬤ **ÖPNV: Bus 2, 5, 12, 66, Haltestelle Hansemannplatz**

Feinste Kochkunst

39 *Im One & Only*

Seit 2006 betreibt der Niederländer Marcel Groen mit seiner charmanten Frau als Serviceleiterin und mit einem sehr sympathischen Team sein Restaurant, das erstaunlicherweise immer noch nicht alle kennen, die sich in Aachens gehobener Küche auskennen. Dabei ist man hier als genussfreudiger Mensch wunderbarst aufgehoben! Es beginnt mit einer herzlichen Begrüßung an der Tür, bevor man den gemütlichen Gastraum betritt – warmes Holz, Backsteinwände, Kerzen, weiß eingedeckte Tische und angenehme Musik sorgen für ein behagliches Wohlfühlambiente. Nachdem man Platz genommen hat, werden Brot und köstliches spanisches Olivenöl an den Tisch gebracht, Aperitif und Wein werden empfohlen, und alles fühlt sich fast schon an, als sei man bei Freunden. Der Blick in die Karte macht sofort Appetit. Marcel Groen, Inhaber und Küchenchef zugleich, bringt hier seine beachtliche Erfahrung ein. Gelernt hat er in Amsterdam, danach hat er sich in der ganzen Welt umgesehen, zuletzt in Costa Rica, bevor er nach Aachen kam und glücklicherweise blieb. Diese kulinarische Weltläufigkeit merkt man der stilvollen Karte an, die Fleisch, Geflügeltes, Fisch und anderes Meeresgetier in so spannend klingenden Kompositionen anbietet, dass man als ambitionierter Hobbykoch bei jedem Gericht nach dem Rezept fragen möchte. Und wer gar keine Lust auf „Chichi" hat, der sucht sich einfach sein bevorzugtes Stück Fleisch aus der Steakkarte aus, dazu eine der wunderbaren Saucen und wird genauso glücklich.

„Wir legen größten Wert auf die Frische und Qualität unserer Zutaten. Alles ist mit viel Liebe für Sie zubereitet." Dass dieser Text von der Website die schlichte Wahrheit ist, merkt man, wenn aufgetischt wird – es schmeckt einfach alles unfassbar großartig, was die zuvorkommende Bedienung serviert. Dazu lässt die gut sortierte Weinkarte keine Wünsche offen und macht einen Abend im One & Only endgültig zu einer runden Sache. Kurzum – zwischen Bushof und Hansemannplatz, also in einer nicht wirklich exquisiten Gegend der Stadt, gibt es mit diesem Restaurant ein wahres Juwel für Genießer …

Restaurant One & Only, Peterstraße 81-83, 52062 Aachen, Tel. (02 41) 9 43 13 11
www.restaurantoneandonly.de
ÖPNV: Bus 2, 5, 12, 66, Haltestelle Hansemannplatz

Die Schönheit wohnt in Aachen

40 *Im Babor Spa im Quellenhof*

Hinter der beeindruckenden Fassade des Quellenhofs, dem Fünf-Sterne-Hotel am Saum des Kurgartens, verbirgt sich nicht nur viel Lebenskultur und Stadtgeschichte, sondern auch ein wunderschönes Beauty-Spa, in dem man sich genussvoll einen Tag Auszeit von der Welt nehmen kann. Die Produkte, mit denen die Kosmetikerinnen bei den vielfältigen Angeboten verwöhnen, sind von Babor – und das ist keine zufällige Wahl. Denn der weltweit erfolgreiche Kosmetikhersteller mit der Rose im Logo ist seit seiner Gründung in den 60er-Jahren ein Aachener Familienunternehmen, nunmehr in dritter Generation. Entwicklung, Produktion und Verwaltung sind hier ansässig, jedes Töpfchen, jede Tube, jede Ampulle kommt aus Aachen, wurde hier entwickelt und produziert, übrigens konsequent und schon immer ohne Tierversuche. Wer Zeit und Gelegenheit hat, an der Firmenzentrale in der Neuenhofstraße vorbeizufahren, sieht einen architektonisch auffallenden Neubau, der ein Zeichen setzt für kontinuierliches Engagement am heimatlichen Standort – mit Schönheit statt purer Zweckmäßigkeit.

Doch zurück in den Quellenhof, denn das Spa im asiatischen Stil und der wunderbaren Kombination von Licht und Wasser bietet entspannende Verwöhnmomente. Eine Welt der Entschleunigung mit einem großen Pool und Saunen, Fitness- und Ruheraum – und natürlich mit den wunderbaren Beauty-Behandlungen. Wie viel Zeit man sich in dieser Oase nehmen möchte, kann ganz individuell mit den netten Damen an der Rezeption des Spas besprochen werden. Das Herrlichste ist, nach einer genossenen Behandlung wohlig ermattet mit einem schönen Buch auf einer Liege am Rande des Pools zu liegen, ab und zu mal ein Ründchen zu schwimmen und vor allem die fast magische Atmosphäre des Raumes zu genießen! Hier kann man einen ganzen Tag ohne jede Alltagshektik verbringen und sich anschließend erholt fühlen wie nach einem Kurzurlaub. Das einzige Tagesprogramm ist man selbst. Luxus pur!

● Babor Spa im Quellenhof Pullman, Monheimsallee 52, 52062 Aachen
www.babor-quellenhof.de
● ÖPNV: Bus 3, 13, 54, Haltestelle Eurogress

Hier kriegt jeder Spaß

 Am Knipp – das schönste Lokal der Stadt

„Bierchen?" Wenn der freundliche Zwei-Meter-Mann hinter dem Zapfhahn die Frage aller Fragen stellt, ist das meist der Beginn eines sehr vergnügten Abends. Das schöne Lokal mit den dekorativen, alten Kacheln an den Wänden, viel gemütlichem Holz und den blank geputzten Kupfer- und Messingkannen, die von der Decke hängen, schafft trotz seiner traditionellen Optik das Kunststück, beliebte und gemütliche Stammkneipe für mehrere Generationen zu sein. Hier trifft sich die junge Fußballtruppe nach dem Training, der Ü70-Damenstammtisch zum fröhlichen Beisammensein oder der chinesische Gastprofessor der Rheinisch-Westfälischen Technischen Hochschule mit seinen Studenten.

In dritter Generation bewirtet die Familie Ramrath nun schon Einheimische und Touristen. Es gibt gepflegtes Bier – hier im Dreiländereck ist das am liebsten Pils –, Longdrinks und Schnäpse, prima Weine und hervorragende gutbürgerliche Küche. Im gemütlichen Gastraum wie auch im originellen Hirschgarten, wo sich im Sommer alle um die Freiluftplätze reißen.

TIPP *Zum Essen unbedingt die großartigen Bratkartoffeln mitbestellen.*

Hier macht der eine Bruder die Theke, der andere die Küche, Familienmitglieder arbeiten im Service mit. Am Knipp ist es immer sehr persönlich, die Atmosphäre entspannt und freundlich, die Gäste fühlen sich wohl. Und der Name ist nicht etwa – was viele denken – eine sprachliche Abwandlung von Kneipe, sondern ein „Knipp" ist im hiesigen Platt ein Hügel. Und das stimmt sogar, wie jeder Besucher spätestens merkt, wenn er bergan oder auch bergab den Heimweg antritt.

Am Knipp ist immer etwas los, und niemand bleibt hier lange allein, denn es redet quasi jeder mit jedem – wir sind ja in Aachen! Einfach mit an die Theke stellen, das obligatorische „Bierchen?" freundlich entgegennehmen, ein bisschen abwarten und das lustige Kneipenleben genießen! Ziemlich laut und sehr lebendig, aber niemals lästig. Und der große Mann hinter der Theke hat alles im Blick.

◉ Am Knipp, Bergdriesch 3, 52062 Aachen, Tel. (02 41) 3 31 68
www.amknipp.de
◉ ÖPNV: Bus 1, 33, 41, 44, 71, 73, 173, Haltestelle Driescher Gässchen

Großes Picknick mit Musik

 Weltstars bei den Kurpark Classix

Wenn Scharen von gut gelaunten Aachenern mit Picknicktaschen, Decken, Schirmen und Falthockern in Richtung Kurpark wandern, dann ist wieder Zeit für ein paar exquisite Open-Air-Musikveranstaltungen – die Kurpark Classix. Dem Kurpark blüht alljährlich eine spektakuläre Metamorphose, denn innerhalb weniger Tage verwandelt sich eine idyllische Wiese mit Brunnen und imposanter Wasserfontäne in Aachens größte und vermutlich beliebteste Konzertarena.

Seit 2007 gibt es – mitten im Herzen Aachens – an einem langen Wochenende Ende August oder Anfang September diese Reihe von jährlich fünf höchst unterschiedlichen Konzerten aus Oper, Sinfonie, Cross-over und Kinderwelt, die die begeisterten Besucher auf der Tribüne oder auf den umliegenden Wiesen des Kurparks genießen. Es ist eine ganz besondere Symbiose zwischen Stars und dem Aachener Sinfonieorchester, bei der das Publikum schon Chris De Burgh, Roger Hodgson, Annett Louisan, Joe Cocker, Max Herre, Clueso, Lionel Richie, David Garrett – der aus Aachen stammt – oder die Fantastischen Vier bejubeln konnte. Ungefähr dreieinhalbtausend Menschen sehen jedes der Konzerte, und wenn das Picknicken erlaubt ist, wird es ausgiebig zelebriert – von Plastikdosen auf zünftigen Karodecken bis hin zu Tischen mit Kandelabern und Porzellan ist alles dabei. Das Essen wird natürlich selbst zubereitet und mitgebracht. Ist das Arrangement besonders eindrucksvoll, kann man auch Gewinner eines Wettbewerbs um das schönste Picknick werden – ausgeschrieben vom Stadtmagazin „Bad Aachen".

Die Kurpark Classix – einfach eine große Freude für alle, denn die Atmosphäre ist unschlagbar, und ein großes, glückliches Familiengefühl schwebt über dem Kurpark! Wer Karten für Konzerte haben will, muss übrigens ziemlich schnell sein, denn oft sind sie schon früh vergriffen. Keine Karte mehr ergattert? Dann macht man, was auch die Aachener machen – einfach in den nicht umzäunten Teil des Kurparks setzen und der Musik lauschen. Denn die ist an diesen Sommerabenden fast überall gut zu hören!

••

● **Kurpark Classix im Kurpark Aachen, Monheimsallee, 52062 Aachen**
www.kurparkclassix.de
● **ÖPNV: Bus 3, 13, 54, Haltestelle Eurogress**

Nierentisch und Häppchen

43 *Filmklassiker im Capitol*

Fast immer bringt der Denkmalschutz Liebenswertes wieder zum Vorschein – und im Falle des Capitols dürfen das Ergebnis auch noch ganz viele Menschen genießen. Nach umfangreichen Modernisierungs- und Sanierungsarbeiten im Jahr 2014 ist das Capitol zu einem Ort geworden, wo die Magie des Kinos im Stil der 50er-Jahre wieder lebendig wird. Ein bisschen wie aus der Zeit gefallen, im charmantesten Sinn. Besucher, die zum ersten Mal den Saal betreten, quittieren es mit einem nostalgisch entzückten Seufzer. Vor der Leinwand wurde eine Bar gebaut, die mit einigen Stehtischen den Lounge-Bereich bildet. Hier können sich die Cineasten vor und nach der Vorstellung bei einem Glas Wein oder einer späten Tasse Kaffee Zeit für Gespräche nehmen. Alle Getränke – von den Kaffeespezialitäten bis zum Wein – werden in Gläsern und Geschirr serviert und können auf den kleinen Nierentischen mit dimmbaren Tischleuchten abgestellt werden. Aus der Küche gibt es allerlei schmackhafte und hochwertige Kleinigkeiten – Popcorn und Nachos sucht man hier vergebens.

Den Film selbst, dem nur Trailer, aber keine Werbung vorhergehen, schaut man dann in gemütlichen Sesseln, die eigens in Italien angefertigt wurden und deren Rückenlehne die perfekte Neigung hat, um die Leinwand bequem zu sehen. Keine Klappsitze mehr für 400, sondern Beinfreiheit für nur noch 124 Zuschauer – luxuriöser geht es im Kino kaum. Und im Gegensatz zum Ambiente ist die Technik im Kino hochmodern. So kam zum Beispiel die Bildwand überhaupt erst wenige Wochen vor der Eröffnung auf den Markt.

Betreiber Leo Stürtz hat viel Leidenschaft, Energie – und auch Geld – in dieses Projekt gesteckt und den Aachenern ein wunderschön designtes Kino geschenkt, auf das er zu Recht stolz ist, und das Filmfans genauso begeistert wie Architekturliebhaber. Der besondere Zauber eines Filmabends im Capitol liegt im Gesamterlebnis – Retrodesign, Gemütlichkeit und Filmklassiker – das darf man sich einfach nicht entgehen lassen. Pssst, der Film fängt an …

CAPITOL, Seilgraben 8, 52062 Aachen, Tel. (02 41)-4 13 18 29
www.capitol-aachen.de
ÖPNV: Bus 1, 4, 7, 16, 17, 27, 33, 37, 41, 47, 73, Haltestelle Minoritenstraße

Eine echte Perle

44 *Beim Juwelier Zaun*

Bemerkenswerte Juweliere gibt es viele in Aachen: traditionelle, moderne, mainstreamige und avantgardistische – es mangelt nicht an spannender Auswahl. Doch niemand sonst arbeitet in so außergewöhnlich traditionellen Räumen wie Gisela Zaun. Ihr Geschäft befindet sich in einem denkmalgeschützten klassizistischen Bürgerhaus, das bereits 1842 errichtetet wurde. Nicht nur von Weitem fällt es durch seine hübschen roten Rundmarkisen auf, sondern auch im Inneren ist es wunderschön – Stuckdecken, Kronleuchter, Holzeinbauten und -vitrinen und kunstvolle Fensterverglasungen. Der zauberhafte kleine Innenhof beherbergt einen mittlerweile Ehrfurcht gebietenden Feigenbaum, der jedes Jahr reichlich Früchte trägt.

Josef Zaun, Gründer des Unternehmens, machte 1907 seine Meisterprüfung als Gold- und Silberschmied und eröffnete seine Werkstatt hier im eigenen Hause. Er war ein ausgezeichneter Handwerker mit einem Renommee weit über die Stadtgrenzen hinaus. Einige seiner schönsten Objekte sind heute noch im Ausstellungsraum der Handwerkskammer zu sehen. Aus seiner Werkstatt kommt zum Beispiel die Kette des Oberbürgermeisters oder auch die Karlspreismedaille, die seit 1950 fast jedes Jahr an eine Person oder Institution verliehen wird, die sich um die europäische Einheit verdient gemacht hat.

1989 übernahm Gisela Zaun, die Enkelin des Gründers, in der dritten Generation das Geschäft. Als Kauffrau, der das Gespür fürs Schöne und für Stil nahezu in den Genen liegt, stellt sie das exquisite Angebot des Hauses zusammen – traditionsgemäß mit einem deutlichen Schwerpunkt auf Tafelsilber, dänischen Silberschmuck und Perlen. Leidenschaften, die sie mit vielen ihrer Kundinnen und Kunden teilt. 2007 konnte sie mit einem wunderschönen Empfang das 100-jährige Jubiläum des Hauses feiern. Die Sonne schien, die Gäste strahlten auch … Und wer all das weiß, kann beim Reinschnuppern das traditionell-ehrwürdige Ambiente im Geschäft noch viel mehr genießen. Aus guten Gründen ist Juwelier Zaun in Aachen einfach ein Begriff!

▶ Juwelier Zaun, Theaterstraße 69, 52062 Aachen, Tel. (02 41) 3 29 92
www.juwelier-zaun.de
▶ ÖPNV: Bus 3, 7, 11, 13, 14, 21, 27, 31, 33, 34, 36, 37, 51, 54, 103, Haltestelle Normaluhr

Das macht Foodies froh

45 Im Haus der Küche

Etwas abseits der durchgestylten Kochwerkzeug-Tempel findet sich ein gar nicht mehr so geheimer Geheimtipp – denn über einen Mangel an Kundschaft kann sich Familie Frischmuth, die ihr Haushaltswarengeschäft seit 1967 betreibt, ganz offensichtlich nicht beklagen, die Türklingel an der Eingangstür hat viel zu klingeln. Und es kommen keineswegs nur die Aachener, sondern auch ehemalige Studenten, wenn sie zu Besuch sind, es kommen viele Kunden aus den Niederlanden und Belgien, und es gibt sogar eine Stadtführerin, die das „Haus der Küche" in die Strecke ihres Rundganges eingebaut hat.

Schon das Schaufenster ist gut gefüllt, hier dekoriert niemand der Optik wegen, sondern es wird einfach möglichst viel von dem gezeigt, was man hat. Und bereits draußen im schmalen Eingangsbereich zeugen Drahtstellagen voller Küchenartikel von der Vielfalt, die den Kunden drinnen erwartet. Wer das Haus der Küche zum ersten Mal betritt, bekommt fast Schnappatmung vor Begeisterung, denn von der Decke bis zum Boden findet sich hier fast alles, was leidenschaftlich kochende und backende Menschen gebrauchen können – und vor allem gebrauchen wollen! Die freundlichen und sachkundigen Damen und Herren hinter der Theke wissen für jedes Problem einen guten Rat oder ein praktisches Ding, doch genauso gerne lassen sie ihre Kunden einfach in Ruhe staunen und stöbern.

Und es gibt viel zu gucken – auf den knapp 100 Quadratmetern finden sich in engen Gängen an die 55.000 Einzelartikel, die ganz eindeutig unter dem pragmatischen Aspekt der alltäglichen Nützlichkeit ausgesucht worden sind. Seltene Ersatzteile gibt es in Aachen genau hier, ebenso werden kleine Reparaturen und das Schleifen von Messern angeboten. Ein Paradies für alle Foodies … Das Haus der Küche ist mit seinem unglaublichen Angebot Inspiration und Rettungsanker zugleich, je nachdem, ob man gerade nach einer Lösung für eine Rezeptidee oder nach einer nirgendwo sonst erhältlichen Ersatzklinge für den Trüffelhobel sucht.

••

◯ Haus der Küche, Mefferdatisstraße 10, 52062 Aachen
◯ ÖPNV: fast alle Buslinien, Haltestelle Elisenbrunnen, zahlreiche Buslinien, Haltestelle Bushof, wenige Minuten Fußweg

Später im Madrid?

46 Feiern in der Pontstraße

Aachen ist auch eine Studentenstadt, denn immerhin studieren hier an der Rheinisch-Westfälischen Technischen Hochschule und der Fachhochschule etwa 50.000 Menschen. Und dass sie nicht nur fleißig sind, sondern auch zu leben und zu feiern verstehen, zeigt sich nirgendwo deutlicher als in der Pontstraße, gerne auch „die Ponte" genannt. Sie führt vom Markt runter und wieder hoch zum Ponttor, ist dabei über weite Strecken Fußgängerzone und bietet deshalb im Sommer schön viel Platz für die gemütlichen Außenterrassen der Lokale.

Den wenigsten ist bekannt, dass die Pontstraße nicht nur eine quirlige Feiermeile ist. Im Mittelalter war sie Teil des Königswegs, den die Könige – über Krefeld und Roermond kommend – zu ihrer Krönung in Aachen nahmen. So findet sich bereits im 13. Jahrhundert die lateinische Beschreibung *platea que punt appelatur* für diesen Weg – bedeutend in etwa „Straße, die *punt* genannt wird".

Und heute ist sie also die Straße, in der man Party macht. Am Markt beginnt die Feiermeile mit Kneipen, verschiedenen Restaurants und Imbissläden. An der Kreuzung mit der Neupforte liegt zum Beispiel das alteingesessene Café Kittel mit seinem beliebten Biergarten, gefolgt von weiteren Restaurants – von traditioneller griechischer Küche über köstliches Sushi bis zu Süßem findet sich fast alles, was das kulinarische Herz begehrt. Aachen genießt gerne international!

Zum Epizentrum der Feierfreude kommt man dann kurz vor dem Ponttor, wo rund um die Milchstraße große Lokale wie Café Madrid, Labyrinth, Apollo Kino & Bar und Molkerei liegen, alle auf ihre Weise besonders und alle fast rund um die Uhr für ihre Gäste geöffnet. Dazwischen viele kleinere Lokale, Imbisse und Bars – leicht ist die Nacht da zum Tag gemacht. Nicht ohne Grund nennt das Viertel sich auf seiner eigenen Website das Quartier Latin Aachens. Wer sich einfangen lässt von dem bunten Treiben der Menschen aus aller Herren Länder und einfach mitfeiert, erlebt einen beglückend schönen Abend – zwischen lebhaft und gemütlich ist hier alles möglich.

....

Pontstraße, 52062 Aachen
www.pontviertel.com
ÖPNV: Bus 1, 3, 7, 13, 16, 17, 27, 33, 41, Haltestelle Ponttor

Ein museales Kleinod

47 *Das Internationale Zeitungsmuseum*

Paul Julius Reuter gründete 1849 sein Nachrichtenbüro Reuters in Aachen, die Gedenktafel finden Nach-oben-Gucker übrigens am Haus Pontstraße 117, und hier erschien auch mit den „Aachener Nachrichten" die erste Zeitung nach dem Zweiten Weltkrieg. Wo sonst also sollte ein Internationales Zeitungsmuseum seinen Platz finden, wenn nicht hier? Das Museum befindet sich in einem der geschichtsträchtigsten und ältesten Wohnhäuser der Stadt. Der Schöffe Heinrich Dollart hatte hier zwei nebeneinanderliegende Gebäude erstanden und ließ im Jahr 1495 die beiden früheren Wohnhäuser umbauen. Die Inschrift mit seinem Namen und dem Erbauungsjahr in der Toreinfahrt zeugen noch heute davon. Der Ursprung des Museumsbestandes wiederum geht zurück auf den Privatgelehrten Oskar von Forckenbeck, dessen Witwe nach seinem Tod im Jahre 1898 die über 80.000 Zeitungen und 1.500 Bücher umfassende Sammlung der Stadt übergab.

Heute kann man im entstandenen Medienmuseum Vergangenheit, Gegenwart und Zukunft der Medien entdecken und erleben. Die abwechslungsreiche Ausstellung im ersten Stock – vom Archivschrank mit historischen Zeitungen über Videopräsentationen bis zum geschlossenen „Ei", in dem man Reizüberflutung fast schmerzhaft spüren kann – ist in fünf große Themenbereiche gegliedert. Im zweiten Stock ist eine der umfangreichsten Zeitungssammlungen weltweit untergebracht, mit über 200.000 deutschen und internationalen Zeitungen von den Anfängen der Presse im 16. Jahrhundert bis ins Heute. Ein großer Teil des Bestandes ist ebenfalls im Online-Archiv verfügbar. Beeindruckend!

Für dieses Museum braucht man nicht unbedingt eine Führung – es ist detailverliebt gestaltet und schlüssig aufgebaut, nahezu selbsterklärend, und es gibt viel zu entdecken. Man braucht nur eins: Zeit. Ziemlich perfekt für einen verregneten Tag – und das Café mit seinen fröhlichen Farben ist es auch! Alles klein und fein und sehr, sehr sehenswert.

◉ Internationales Zeitungsmuseum, Pontstraße 13, 52062 Aachen, Tel. (02 41) 4 32 49 10
www.izm.de
◉ ÖPNV: Bus 4, Haltestelle Markt/Judengasse

Fünf Generationen mittendrin

48 *Im Weinhaus Lesmeister*

Gute Weine und Spirituosen, eine aufmerksame Beratung im anheimelnd historischen Ladenlokal mitten in der Pontstraße, der belebten Achse zwischen Markt und Hochschule, das bietet das Weinhaus Lesmeister. Seit 1868 ist das denkmalgeschützte Haus in Familienbesitz, und der heutige Inhaber Hans-Georg Lesmeister repräsentiert in bereits fünfter Generation den Fachhandel mit Genusswaren, früher Tabakwaren, seit 1989 als Weinhaus.

Es gibt in dem schönen Ladenlokal eine reichhaltige Auswahl an guten Weinen, Sorten und Jahrgänge für alle Geschmäcker und Vorlieben, passend für die studentische wie auch für die arriviertere Kundschaft. Außerdem aber findet man hier einige Aachener Spezialitäten, zum Beispiel den beliebten Aachener Rathauswein, den würzigen Kaiser-Karls-Likör, den wunderbaren Charlies Dry Gin, den Degraa Herrenlikör 1888 sowie die Aachener Senfqualitäten der Karolus-Manufaktur. Von jeder verkauften Flasche Aachener Domsekt spendet das Weinhaus Lesmeister übrigens einen Euro an den Dom – eine von Herzen kommende Unterstützung der unablässigen Restaurierungsarbeiten. Seit 1993 wurden mit dieser Aktion rund 100.000 Euro zur Erhaltung des Doms gespendet. Trinken und Gutes tun, quasi … eine tolle Initiative! Das dekorativste und auch süßeste aller bei Lesmeister erhältlichen Mitbringsel ist aber sicher der Aachener Printenlikör, der in der hauseigenen Produktion im nahe gelegenen belgischen Raeren nach einem selbstverständlich geheimen Familienrezept hergestellt wird – mit diesem wunderbaren Likör wird zum Beispiel auch das beliebte Printeneis im Café Mohren aromatisiert.

Ein schönes Erlebnis ist bereits der Einkauf hier – so viel gibt es zu entdecken in diesem gemütlichen Geschäft voller Genüsse! Doch mit reinem Handel gibt man sich im Weinhaus Lesmeister nicht zufrieden, sondern bietet der treuen und interessierten Kundschaft außerdem spannende Weinproben und verschiedene Seminare rund um die Vielfalt des Weines an: „Denn Wein muss man erleben und nicht einfach nur trinken."

○ **Weinhaus Lesmeister, Pontstraße 60, 52062 Aachen, Tel. (02 41) 40 49 32**
www.weinhaus-lesmeister.de
○ **ÖPNV: Bus 1, 33, 41, 44, 71, 73, 173, Haltestelle Driescher Gässchen**

Hier sagt man „Fritten"!

49 *Die besten Büdchen der Stadt*

Eine Frage, an der sich definitiv die Geister scheiden, ist die, wo es die besten Pommes frites gibt. Sind sie doch schließlich hier im Alltag ein sehr beliebtes „Grundnahrungsmittel". Das liegt eventuell auch an der Nähe zu Belgien, der wahren Wiege der Fritten.

Slow Food Aachen hat 2017 sogar eine Fahrrad-Fritten-Rallye veranstaltet, um der Antwort näherzukommen – am Ende waren viele Fritten verzehrt, aber ein klarer Sieger nicht in Sicht. Auch eine neuere, streng unrepräsentative Umfrage innerhalb der ausgesprochen genussfreudigen Aachener Twitteria kam zu keinem eindeutigen Ergebnis. Einig sind sich aber alle darin: Industrieware geht gar nicht.

Also – reden wir über Frittenbuden. Viele sind es nicht mehr, die die beliebten Kartoffelstäbchen zelebrieren, wie es sich traditionell gehört. Die sie aus Kartoffeln selbst schnitzen oder wirklich rohe Rohware einkaufen, die sie in Rinderfett zweimal frittieren, bevor der vorfreudige Kunde sie – innen weich, außen knusprig-goldbraun – mit Senf, Mayonnaise, Curry- oder gar Sauerbratensauce bekleckst und großartig duftend über die Theke gereicht bekommt. Gegessen wird mit einem kleinen Holzgäbelchen oder direkt mit den Fingern. So muss das sein!

Hier eine – aus Platzgründen nur beispielhafte – kleine Favoritenliste von Aachener Frittenbuden: Maier-Peveling's im Alten Posthof, der Frittenbruder in Aachen-Kornelimünster, Dat Frittebüdche in der Pontstraße. Und weil dem Aachener für eine gute Fritte kein Weg zu weit ist, seien auch direkt hinter der belgischen Grenze, gefühlt gehört es ja noch mit zum Stadtgebiet, die Friterie New Quinta in Eynatten und das Manneken Frit in Hauset genannt. Unser ganz subjektiver Liebling aber ist „Kathy's frietnesse" mitten im Hochschulviertel, eine perfekte Mischung aus üppigster Fritten-Kultur – über 70 verschiedene Saucen – und deftigem Lokalkolorit: „Komm rein, Schätzelein!" lassen sich insbesondere auch Nachtschwärmer, die eine Unterlage brauchen, nicht zweimal sagen. Vorsicht, heiß! Und sooo lecker …

▶ Kathy's frietnesse, Pontstraße 101–105, 52062 Aachen
www.frietnesse.de
▶ ÖPNV: Bus 1, 33, 41, 44, 71, 73, 173, Haltestelle Driescher Gässchen

Frühstück oder Absacker?

50 *Das Egmont*

Was von frühmorgens bis spätnachts geöffnet hat, das kann nicht nur Café oder Kneipe oder Bistro oder Kulturstätte sein – das ist auf beglückende Weise alles auf einmal! Und dazu ist das Egmont auch noch genial gelegen, man geht vom Markt aus ein paar Schritte in die Pontstraße und ist schon da. Hier gibt es nicht nur den gemütlichen Innenraum im liebevoll dekorierten Bistro-Stil, sondern auch die beheizte Terrasse, auf der schon an eher kühleren und besonders natürlich an schönen Abenden unter den Markisen kaum ein Sitzplatz zu ergattern ist – „rappelvoll" ist die treffende Beschreibung. Hier tobt das gesellige Leben quer durch alle Generationen.

Einen Tag im Egmont kann man schon ab acht Uhr mit einem ausgiebigen Frühstück beginnen, mit einem der leckeren Kaffees oder einem Tee aus der beeindruckenden Auswahl von Teesorten. Auch für Lesestoff ist gesorgt – im Zeitungsständer findet man viele aktuelle deutschsprachige und internationale Presseprodukte. Oder man nutzt das kostenlose WLAN des Hauses. Wer lieber später etwas essen will, kommt in den Genuss der Speisen aus dem benachbarten libanesischen Restaurant AKL – die einen haben die Sitzplätze, die anderen kochen sensationell lecker, also tat man sich zusammen. Die Gäste des Egmonts freut's. Den Nachmittag kann man mit einem Sundowner aus der handverlesenen Weinkarte oder dem reichhaltigen Cocktailangebot ausklingen lassen. Das ist besonders schön, wenn man draußen sitzen und dem bunten Treiben auf der Pontstraße – die hier Fußgängerzone ist – genüsslich zusehen kann. Abends dann wird das Egmont zur angesagten Bar und wer sich auskennt, bestellt dann zum Beispiel eines der zahlreichen belgischen Biere auf der Karte.

Vielfach gibt es Livekonzerte und besonderes Highlight sind auf jeden Fall die Abende mit dem „Café Chantant" belgischer Tradition, quasi ein Original-Import aus Lüttich, die alljährlich im März und November für exquisites Ausnahmevergnügen sorgen – Besucher singen selbst auf der winzigen Bühne, und das beeindruckend gut. Ja, das Egmont ist schon etwas ganz Besonderes!

● **Egmont, Pontstraße 1-3, 52062 Aachen**
www.egmont-aachen.de
● **ÖPNV: Bus 4, Haltestelle Markt/Judengasse, wenige Minuten Fußweg**

Tief hinunter und hoch hinaus

 Das SuperC – Innovation und Perspektive

Historie und Moderne liegen in Aachen stets nah beieinander, befinden sich quasi in permanentem Dialog. Das liegt nicht zuletzt an den beiden Hochschulen mit ihren über 50.000 Studenten aus aller Welt, die immerhin ein Fünftel der Bewohner der Stadt ausmachen.

Im Jahr 2008 baute die RWTH Aachen direkt neben ihr ehrwürdiges Hauptgebäude, das aus der Zeit um 1870 stammt, einen hypermodernen zusätzlichen Verwaltungsbau mit dem Namen SuperC – die beiden Gebäude zeigen symbolisch die Innovationskraft der Wissenschaftsstadt Aachen. Seither versammeln sich hier das Studierendensekretariat, das Akademische Auslands- und Prüfungsamt und das Career Center unter einem Dach.

Die wichtigste technische Innovation – die energetische Bewirtschaftung des siebenstöckigen Gebäudes durch Hydrothermie, also Tiefenwärme – scheiterte zwar schlussendlich an unüberwindlichen Schwierigkeiten, denn man hätte 2500 Meter tief in die Erde bohren müssen, um die benötigte Erdwärmesonde zu installieren. Aber das schmälert nicht die im wahrsten Sinne des Wortes herausragende Architektur des SuperC mit dem auffallenden auskragenden Dachgeschoss. Wobei allerdings die unterste Etage des Gebäudes (also quasi der untere Bogen des Buchstabens) unterirdisch liegt, weshalb sich selbst dem fantasiebegabten Betrachter die Ähnlichkeit mit einem C nicht direkt erschließt. Nichtsdestotrotz sieht der Bau einfach spannend aus! Und die anfängliche Sorge, dass das große Ding eventuell vornüberkippt, haben die Aachener längst verloren – sie erfreuen sich inzwischen vor allem an dem lebhaften studentischen Treiben rund um das SuperC. Auch die nächtliche Illuminierung in sphärischem Blau ist ein beeindruckender Hingucker. Doch der allerbeste An- und Ausblick befindet sich unterm Dach. Dazu nimmt man einfach den Aufzug nach ganz oben und befindet sich – staunend – auf Augenhöhe mit dem Domdach. Unvergleichlich, diese Perspektive, dafür würde man auch glatt die Treppe nehmen …

● **SuperC, Templergraben 57, 52062 Aachen**
www.rwth-aachen.de
● **ÖPNV: Bus 13, Haltestelle Technische Hochschule**

Vom Suchen und Finden

52 *Bei Deko Haasenstrauch*

Diese wundervolle Fundgrube für Selbermacher, Verpackungskünstler und Dekorationsprofis gibt es in Aachen gefühlt – wirklich – schon immer … Einzelhändler kaufen hier das Material für ihre Schaufenster-Dekorationen, Unternehmen finden im Geschäft Hilfreiches für ihre Messepräsentationen, und Bastler betrachten das Geschäft zu Recht als eine Art Wundertüte der überraschenden Inspiration und pfiffigen Ideen. Man stöbert, verweilt, betrachtet, legt in den Einkaufskorb und stöbert weiter.

Deko Haasenstrauch ist ein einziger langer, laanger, laaanger Gang mit einer fast unendlich erscheinenden, nahezu paradiesischen Auswahl von allem! Was man nicht braucht oder doch ganz dringend braucht. Was man noch nicht kannte und was einem dann plötzlich die Lösung eines lang gehüteten Problems vor Augen führt – kurzum, hier findet sich wirklich das meiste, was das Bastlerherz begehrt. Das überbordende Geschäft ist ein Universum voller Bänder, Borten, Deko-Zubehör für Profis und Hobbyisten, Displays, Farben, Filz, Geschenkpapier, Gießformen, Karten, Kartons, Kerzen, Klammern, Klebstoffe, Kunstblumen, Papiere, Perlen, Pinsel, Saisonartikel, Scheren, Seidentücher, Stifte, Umschläge, Verpackungsmaterial und Werkzeuge. Es ist wirklich alles da, und all der denkbar restliche und hinreißende Kreativ-„Krimskrams" auch. In Hülle und Fülle!

Und findet sich ausnahmsweise einmal etwas nicht, findet sich bestimmt ein sachkundiger und freundlicher Mitarbeiter, der das Gewünschte kurzfristig besorgen kann oder eben weiß, wo es liegt. Denn die Stellagen und Regale gehen buchstäblich vom Boden bis zur Decke, da kann man als noch so begeisterter Kunde kaum alles auf Anhieb selbst finden. Und egal, mit welchen noch so individuellen Bastelwünschen man im Laden aufschlägt, die Beratung ist tipptopp – einfach unverkennbar, dass man in einem liebenswürdigen Fachgeschäft der alten Schule gelandet ist.

- Deko Haasenstrauch, Jakobstraße 86, 52064 Aachen, Tel. (02 41) 3 18 13
- ÖPNV: Bus 4, 5, 12, 22, 23, 24, 25, 35, 45, 55, 75, Haltestelle Karlsgraben

Ein Platz für ein Wow!

53 *Der Katschhof*

Zwischen Rathaus und Dom liegt ausgesprochen prominent der Katschhof. Dieser große Platz war einst der Innenhof der Aachener Pfalz Karls des Großen. Im Norden erhob sich anstelle des heutigen Rathauses die Königshalle, im Süden befand sich die Marienkirche, der heutige Dom. Man nimmt an, dass auch Karls Wohnräume am Katschhof lagen. Heute ist der Platz eine der schönsten Event-Locations in der Altstadt, denn ob man auf den Dom schaut oder auf das ebenso imposante Rathaus, der sich jeweils bietende Anblick ist wunderschön und die Atmosphäre – so ganz mittendrin – einfach unvergleichlich. Und Events gibt es viele! Im Spätsommer zum Beispiel den Archimedischen Sandkasten: 320 Quadratmeter und 140 Tonnen Sand. Spielbagger und Schaufeln laden zum fleißigen Buddeln ein. Im September findet auch das AachenSeptemberSpecial statt. Die Bühnen sind quer durch die Innenstadt verteilt und ein bunter Mix von lokalen bis internationalen Künstlern lockt viele Besucher an. Auf dem Katschhof werden kulinarische Köstlichkeiten, ein Riesenrad und ein abwechslungsreiches Kinderprogramm geboten. Ein Fest für Jung und Alt! Ebenfalls im September findet in der historischen Kulisse ein inzwischen berühmter Hochspringer-Wettbewerb statt, das Domspringen. Gefeiert wird aber zu allen Zeiten im Jahr: im enorm großen Karnevalszelt, zum Karlsfest bei der Karlspreisverleihung oder zum großen Weinfest. Weitere Highlights sind die Altstadtflohmärkte, der Europamarkt der Kunsthandwerker und der vierwöchige Aachener Weihnachtsmarkt – alle werden durch den Ort zu etwas Besonderem.
Und wenn gerade nichts los ist auf dem Katschhof, dann gibt es die große Blaustein-Freitreppe am Rathaus, auf der man sich in aller Ruhe niederlassen und den Anblick des Doms genießen kann. Von fast keiner Stelle sonst hat man einen so guten Blick auf das komplette, beeindruckende Bauwerk. So ist die Treppe aus guten Gründen ein sehr beliebter Platz für Verschnaufpausen, sobald sich auch nur ein klitzekleiner Sonnenstrahl zeigt.

○ **Katschhof, 52062 Aachen**
○ **ÖPNV: Bus 4, Haltestelle Markt/Judengasse**

Mädchenkram – so schön ...

 Im „mancherlei"

Seit etwas mehr als 40 Jahren gibt es nun schon „mancherlei" – die heutigen Best Agerinnen der Stadt stromerten schon als Schülerinnen zu dem fast verwunschen anmutenden Geschäft voller sensationeller Vitrinen und Gestelle und Schubladen, in denen vor allem lauter Schmuck zu entdecken war, den es sonst nirgendwo zu geben schien. Dafür lohnte sich schon immer der Weg ein paar Schritte aus dem Zentrum heraus. Nur Außergewöhnliches und Designtes von edel und schlicht bis knallig und verrückt und in jedem Material, das man sich nur vorstellen kann: Silber, Gold, Titan, Edelstahl, Porzellan, Papier, Muscheln, Kautschuk, Koralle, Aluminium, Leder, Filz, Halbedelsteine, Silikon, Strass, Brillanten, Horn, Perlen, Perlmutt, Beton, Messing, Glas, kurzum alles, was das Herz begehrt. Das ist wirklich kein langweiliger Standard-Modeschmuck, der hier zu finden ist, und das ist bis heute so geblieben! Außerdem gibt es Modeartikel wie Taschen und Tücher, Accessoires und Geschenkartikel. All das so ansprechend und individuell präsentiert, dass man sich überhaupt nicht sattsehen kann.

TIPP *Wer ein besonderes Mitbringsel sucht, schaut beim Schmuck nach dem ausgefallenen Aachener Stadtring.*

2018 konnte das für den Einzelhandel sehr beachtliche Jubiläum gefeiert werden – denn vier Jahrzehnte sind schon eine Hausnummer. Die beiden Inhaberinnen, Didi Eylert und Marianne Bramme-Groteklaes, finden eine plausible Erklärung: „Wir sind immer auf der Suche nach dem Außergewöhnlichen und alles muss unserem eigenen Stilempfinden entsprechen. Das belohnen unsere Kunden mit Treue und das schon in der dritten Generation." Und man ist keine drei Minuten im Laden, schon kann man sie spüren, diese Liebe zu den Dingen ... Im „mancherlei" will und kann man – frau(!) – es genießen, in aller Ruhe zu schauen und zu stöbern. Und wenn man das möchte, beraten die beiden erfahrenen und sympathischen Inhaberinnen sachkundig, einfühlsam und liebevoll und haben für jede Preislage, jeden Anlass und jedes Alter einen passenden Vorschlag. Kein Problem, hier fündig zu werden, zum Verschenken oder noch lieber zum Behalten ...

● mancherlei, Jakobstraße 45, 52064 Aachen
www.mancherlei-aachen.de
● ÖPNV: Bus 4, 5, 12, 22, 23, 24, 25, 35, 45, 55, 75, Haltestelle Karlsgraben

Lässigkeit und Luxus

55 *Der Lindenplatz – nur 5 Minuten vom Markt*

Nicht ganz auf der Strecke der Stadtführungen und normalen Touristenströme gelegen, hat sich der Lindenplatz eine herrlich lässige Gemütlichkeit bewahrt. Und fast ist er so etwas wie ein Aachener Mikrokosmos … Laisser-faire, Luxus, Pragmatismus und Technikliebe versammeln sich nah beieinander.

Dreh- und Angelpunkt des Wohlgefühls ist dabei die Außenterrasse des Café Einsteins, wo sich die eher erwachsene Alternativszene trifft, wo der selbstständige Handwerker in seiner Frühstückspause dazukommt, wo der Professor der nahen RWTH eine kleine Auszeit zwischen zwei Vorlesungen nimmt – wo manche nur kurz verweilen, andere den halben Tag hier sitzen können. Am Baum vor dem Einstein wurde Kunst installiert, das ist etwas fürs Auge, und Käffchen für Käffchen wird hier ganz unaufgeregt die Welt besprochen.

Wer Luxus und Genuss liebt, kommt ein Stückchen weiter bei Schneiderwind auf seine Kosten, hier finden sich Spirituosen, Zigarren, Pfeifen und Tabake vom Feinsten. Familie Schneiderwind betreibt ihr schönes Traditionsgeschäft schon seit 1846 über viele Generationen – hier weiß man, was man tut. Wer sich selbst oder andere mit etwas Exklusivem beschenken möchte, ist hier richtig. Fast direkt daneben ist Aachens schönstes Geschäft für schneidernde Selbermacher, denn im Roten Faden gibt es – seit der Eröffnung 1997 – neben Standard-Meterware vor allem erfreulich viele außergewöhnliche Stoffe sowie ein beeindruckendes Sortiment an Kurzwaren und Schneiderzubehör. All das an einem Ort zu finden, ist vor allem für alle beglückend, die gerne nähen. Fotografen wiederum – Profis wie Laien – zieht es regelmäßig zu Audiophil, dem legendären und bestens sortierten Kamerageschäft mit der seit über 40 Jahren anerkannt kompetentesten Beratung der Stadt. Wem hier zum Thema nicht geholfen werden kann, dem ist dann wohl nicht zu helfen …

Und zu guter Letzt tut der vernehmlich plätschernde kleine Johannisbach das Seine, aus dem Lindenplatz eine wunderbare innerstädtische Oase zu machen. Und das nur 5 Gehminuten vom Marktplatz entfernt!

○ **Lindenplatz, 52064 Aachen**
www.einstein-aachen.de, www.schneiderwind.de, www.der-rote-faden.de, www.audiophil-foto.de
○ **ÖPNV: Bus 12, 13, 22, 23, Haltestelle Königstraße**

Jedem sein Lieblingsfrühstück

56 *Burtscheid, Lammerskötter und Croissants*

Es ist gar nicht so klar, ob in diesem Buch über Burtscheid geschrieben werden darf. (Kleiner Scherz.) Denn die im Jahr 997 gegründete Stadt wurde erst im 19. Jahrhundert zu einem Stadtteil des Heilbades Aachen – was mancher Burtscheider auch heute noch gelegentlich erwähnt. Zwei Rehakliniken nutzen hier zum Wohle ihrer Patienten die 73° C heißen Mineralquellen, bevor diese weiter in Richtung Innenstadt fließen. Doch auch ohne medizinische Notwendigkeiten ist Burtscheid ein gemütlicher, sehenswerter Ort. Da ist zum Beispiel die Marienkapelle, in der seit 1644 das Gnadenbild der Muttergottes verehrt wird, und nicht weit davon der Seepferdchen-Brunnen, der früher im Elisenbrunnen stand. Durch die Fußgängerzone gelangt man zum Thermalbrunnen, wo man selbst die heißen Quellen erfühlen kann – aber bitte Vorsicht, das Wasser hat hier immer noch etwa 52° C!

Den Weg bergauf zur schönen Kirche St. Michael sollte man in jedem Fall auf sich nehmen. Auch dieses Bauwerk basiert auf Plänen des Architekten Johann Joseph Couven. Von der Kirche aus geht man weiter zu St. Johann-Baptist, einer ehemaligen Klostergründung Ottos III., die heute neben dem Dom den bedeutendsten Kirchenschatz der Stadt birgt: liturgische Geräte, Reliquiare, Mosaik-Ikonen und Messgewänder aus alter Zeit. Zurück in die Fußgängerzone geht man durch das markante Abteitor, 1644 erbaut und im Laufe seiner Geschichte zu vielen Zwecken genutzt, heute beherbergt es aparte Ferienwohnungen.

Burtscheid hat außerdem zwei schöne Parks, den hübschen Kurpark am Anfang des Stadtteils und am anderen Ende den Ferberpark, einen beliebten Treffpunkt für Jung und Alt, mit Spielplatz, Basketballfeld und einladenden Grünflächen – sogar Crossgolfer wurden hier schon gesichtet. Wer jetzt noch Lust auf einen leckeren Imbiss hat, geht durch die Fußgängerzone bis zum Café Lammerskötter, das seit 1937 als Burtscheider Familienunternehmen seine Gäste zuverlässig glücklich macht – meisterliche Konditorei, fluffiges Gebäck und wunderbar komponiertes Frühstück. Burtscheid vom Feinsten!

 Café Lammerskötter, Kapellenstraße 2, 52066 Aachen, Tel. (02 41) 1 60 77 83
www.lammerskoetter.de
 ÖPNV: Bus 11, 21, 30, 31, 36, 51, 103, Haltestelle Burtscheid

Wirklich was fürs Auge

57 *Architektur im Frankenberger Viertel*

Wenn man als Aachener mal richtig angeben möchte, dann spaziert man mit seinen Besuchern durch das Frankenberger Viertel – beispielsweise die Oppenhoffallee rauf und die Bismarckstraße wieder runter – und zeigt die dort faszinierende Aneinanderreihung von Gründerzeithäusern, etwa zwischen 1870 und 1920 in unterschiedlichen Stilen erbaut. Die Oppenhoffallee geht man am schönsten in der Mitte entlang, da ist ein Fußweg und ab und zu eine Bank zum Ausruhen. Achten Sie mal auf Hausnummer 6, ein freistehendes Stadtpalais in den klaren Formen der italienischen Renaissance. Oder dann diese spannende Hausnummer 74, die Villa Schüll, verspielter geht es ja kaum … Über die Viktoriaallee – auch hier gibt es einige sehenswerte Häuser – wendet man sich dann weiter nach rechts in die ruhigere Bismarckstraße, die spätestens nach der nächsten Kreuzung ebenfalls atemberaubend schön ist.

Was allein rund um den Neumarkt an schöner Bebauung zu entdecken ist! Auf dieser Straßenseite sollte man nun auch weiterspazieren, um die gegenüberliegenden Häuser besser anschauen zu können – und weil kurz vor Beginn des Frankenberger Parks eines der beliebtesten Eisgeschäfte der Stadt liegt, der Öcher Eis-Treff. Wenn die Schlange vor dem Laden nicht zu lang ist, sollte man das hausgemachte Eis unbedingt probieren.

In der Parkmitte dann ragt die Burg Frankenberg empor, eine ehemalige Wasserburg aus dem 14. Jahrhundert. Heute ist sie Dreh- und Angelpunkt manch kultureller Events, so gibt es im Sommer gut besuchte Freiluftvorstellungen des beliebten DasDa-Theaters, das dann stets einen seiner Kassenmagneten bühnenbildnerisch auf den Burghof zurechtschneidert. Auch heiraten kann man in der Burg sehr romantisch. Im Park selbst lässt es sich hingegen gut verweilen und das bunte Treiben beobachten, bevor man seinen Weg fortsetzt und durch die Schlossstraße wieder zum Ausgangspunkt gelangt.

Das war jetzt wirklich viel zu gucken, oder?

....

○ **Oppenhoffallee und Bismarckstraße, 52066 Aachen**
www.wir-frankenberger.de
○ **ÖPNV: Bus 7, 27, 33, 37, Haltestelle Schlossstraße**

Men only!

 Der exklusive Frankenberger Barber Club

Ja, Pascal Jahn und seine Mitarbeiter meinen das ernst, hier haben Frauen keinen Zutritt. Es sei denn, sie möchten einen Termin für ihren Mann vereinbaren oder einen Gutschein für ihn kaufen oder ihn – kleiner Scherz – einfach nur „abgeben" …

Dieser traumhaft schön eingerichtete Herren-Friseursalon ist so etwas wie ein klassischer Man Cave, eine Männerhöhle, in der Männer entspannt unter sich sein können. „Na klar polarisiert der Laden. Aber darum geht es mir nicht", sagt der sympathische Barber mit dem Spitzbart. Es geht um Leben und leben lassen und sich gegenseitig mal eine kleine Auszeit gönnen zu können.

Hier ist alles ein wenig anders, begrüßt wird man von einer figürlich Respekt einflößenden, aber sehr freundlichen Bulldogge, der ganze Laden ist in Schwarz, dunklem Holz und knarzig-robustem Leder gehalten, aus den Lautsprechern rockt es hart. Ansonsten geht es ganz traditionell zu: Gelernte Barbiere bieten klassische bis trendy Haarschnitte und bewährte bis raffinierte Rasur- und Bartschnitt-Techniken – das allerdings in sehr cooler Atmosphäre. Der Frankenberger Barber Club ist eine Ode an kerniges Retro-Design und ein entspannter Treffpunkt für moderne Männer zugleich … Die begeisterten Bewertungen im Internet sprechen für sich: Es wird unisono geschwärmt von den tollen Haarschnitten, perfekten Rasuren, in Form gebrachten Bärten, der lässigen Atmosphäre und dem freundlichen und humorvollen Service. „Man kommt in den Laden und fühlt sich direkt wohl." Kunden kommen regelmäßig, sogar aus Köln oder von noch weiter her. Das Angebot reicht von Haarschnitten über Rasuren bis zu kompletten Gesichtsbehandlungen und bedient – verwöhnt! – werden Herren von zehn bis hundert Jahren. Ebenfalls nicht selbstverständlich: Auch montags ist geöffnet, und es gibt hier noch den langen Donnerstag. Und trotzdem ist es in jedem Fall ratsam, im Vorfeld einen Termin zu machen! Das geht sehr bequem auch online – denn das Konzept Männer-Wellness funktioniert bestens, und die netten Haarkünstler sind schwer beschäftigt.

Frankenberger Barber Club, Triebelstraße 1, 52066 Aachen, Tel. (02 41) 99 03 76 25
www.frankenbergerbarberclub.de
ÖPNV: Bus 7, 27, 33, 37, Haltestelle Viktoriaallee

Kaffee, Schwätzchen, Einkauf

 Samstäglicher Wochenmarkt auf dem Neumarkt

Der Neumarkt im Herzen des sehr beliebten Frankenberger Viertels ist ein wunderbarer, kommunikativer Platz und auch an normalen Tagen gerne besucht: für spontane Treffen zum Bier oder einem Wein, zu einer Runde Doppelkopf im Freien oder eventuell zur legendären Currywurst, die die traditionelle Kneipe Insulaner unter vielem anderen hier in ihrem Biergarten serviert. Und obwohl es in Aachen in den einzelnen Stadtvierteln – auch mitten auf dem Markt vor dem ehrwürdigen Rathaus – insgesamt 13 Wochenmärkte gibt, so ist doch der Wochenmarkt samstags auf dem Neumarkt, den es dort seit rund 20 Jahren gibt, für viele Aachener der schönste …

Der rechteckige Platz wurde erst 2017 komplett renoviert, unter weitestgehender Beibehaltung alter Strukturen. Die Frankenberger lieben ihr Viertel innig, und Bürgerveranstaltungen werden hier rege genutzt – der Stadt war daher sonnenklar, was die Anwohner wollten und was nicht. Es wurde also sanft modifiziert und auf freundliche Alltagstauglichkeit geachtet.

Das Glücksgefühl auf dem Neumarkt beginnt schon mit der herrlichen Gründerzeitbebauung rund um den Platz. Viele Bäume sorgen für belebendes Grün, ein kleiner Kinderspielplatz ist ebenfalls vorhanden, der natürlich besonders bei den Jüngsten sehr beliebt ist. Außerdem gibt es einen Boule-Platz und gemütliche Bänke rund um einen öffentlichen Bücherschrank, der ebenfalls rege genutzt wird. Ziemlich direkt daneben steht am Markttag der rote Wagen Baristinho, wo es köstlichen Kaffee gibt und sich die meisten erst einmal an einem der zahlreichen Stehtische gemütlich festquatschen. Da wuseln Kinder und Hunde herum, Radfahrer suchen einen guten Platz für ihr Gefährt, und jeder Autofahrer, der rund um den Neumarkt am Samstagmorgen einen Parkplatz erwischt, freut sich ganz besonders darüber – denn nirgendwo sonst kann man so entspannt mit seinem Einkaufskorb über einen Wochenmarkt schlendern, der so angenehm überschaubar ist und dabei alles bietet, was des Genießers Herz begehrt. Auch viele bunte Blumen!

● **Neumarkt, 52066 Aachen**
● **ÖPNV: Bus 7, 27, 33, 37, Haltestelle Viktoriaallee**

Lockere Laufrunde im Grünen

 Am Hangeweiher im Kaiser-Friedrich-Park

Für die Aachener sind es der Hangeweiher und der Wassermann, die offiziell der Kaiser-Friedrich-Park sind, der im noblen Süden der Stadt liegt. Vor allem der Weg drumherum ist eine der beliebtesten Hunderunden und Laufstrecken überhaupt – sie ist mit 2,2 Kilometern überschaubar lang, bequem zu erreichen, und es gibt immer etwas zu gucken in dieser Villengegend.

Der eigentliche Hangeweiher ist tatsächlich nur der große Weiher, auf dem man vergnüglich Tretboot fahren kann und der im Übrigen Heimat vieler Enten und anderer Wasservögel ist. Rund um den Weiher gibt es weitläufige Rasenflächen, einen Kinderspielplatz, eine Rollschuhbahn, eine Gastronomie, außerdem das städtische Freibad – einst das erste Aachener Schwimmbad – und natürlich viele Bänke, auf denen man gemütlich sitzen und sich das heitere Treiben im Park ansehen kann. Der schöne Baumbestand ist auch botanisch interessant, wurde der Park doch 1910 unter anderem mit seltenen Bäumen aus den Beständen des Aachener Tuchfabrikanten Friedrich von Halfern bestückt – so gibt es Bäume, die über 100 Jahre alt sind, wie eine Silberweide und einen Kuchenbaum von 1904 und einen Schnurbaum sowie einen Silberahorn von 1907.

In den 1920er-Jahren wurde die Parkanlage nach Südwesten erweitert in die obere Kaiser-Friedrich-Allee. Nun kann man an der Pau – dem Bach, der den Park mit Wasser versorgt – entlangspazieren bis zum Ende der Allee, wo man auf den beeindruckenden und fast archaisch anmutenden Tritonenbrunnen trifft, der die gesamte Anlage überblickt und vom Volksmund nur „der Wassermann" genannt wird. Triton war in der griechischen Mythologie ein Meeresgott – den Kindern, die hier spielen, ist das herzlich egal, denn auf seinem Rücken kann man wunderbar reiten und im umliegenden Wasserbecken herrlich planschen. Man darf sich nur nicht erwischen lassen. Und während die Kinder auch das Paradies entlang des Bachlaufs für sich erobern, freuen sich die Läufer und Hundebesitzer über den wunderschönen Weg rund um ihren Hangeweiher …

○ **Kaiser-Friedrich-Park, Hermann-Löns-Allee 3 (Haupteingang), 52074 Aachen**
○ **ÖPNV: Bus 2, 30, Haltestelle Goethestraße (Hangeweiher)**

Allerhöchste Törtchenkunst

 Die Seele baumeln lassen im Café Liège

Längst gibt es mehr als ein Café Liège in Aachen, denn Jean Pierre Neumers und Stefan Peters sind sehr fleißig gewesen seit ihrer Geschäftsgründung im Jahr 1986. Die Aachener freut's, denn so können sie die belgischen Torten und Törtchen, die Jean Pierre Neumers mit seinem Konditorei-Team kreiert, gleich an mehreren Orten genießen.

Immer neue leichte und fruchtige Tortenträume als Bavaroise, Crème Soufflés, Crème Mousselines und viele andere Leckereien lassen die Öcher Süßmäuler ins Schwärmen geraten. Nicht nur, weil sie so unschlagbar köstlich sind und wunderschön aussehen, sondern auch wegen der ausgesuchten Qualität ihrer Zutaten – alles selbstverständlich ohne Konservierungs- und Farbstoffe, außerdem schon seit Jahren ohne Alkohol und halal. In den eigenen Cafés umfasst das Angebot mittlerweile auch frische Obst- und Veggie-Smoothies, Biosäfte, Bagels, Fairtrade-Limonaden, Flammkuchen, Waffeln, Crêpes oder Burger, sodass auch die Liebhaber von eher Herzhaftem glücklich werden. Darüber hinaus kann die beliebte Patisserie und Confiserie auch als Catering für Feste und Veranstaltungen bestellt werden – als süße Krönung eines jeden Büfetts sind besonders die kleinen Törtchen begehrt.

TIPP *Samstags und sonntags sollte man unbedingt reservieren.*

Die deliziösen Minis gibt es natürlich auch im Hauptgeschäft, das mit dem Café Liège im Missio-Haus angesiedelt und ein ganz besonders hübsches Café ist. An den Wänden hängen großformatige Originalgemälde, die Ausschnitte von Motiven aus der Sixtinischen Kapelle zeigen, in zarten Erdtönen gemalt von dem befreundeten Künstler Roland Manigare zur Eröffnung Anfang 1994. Durch die vielen Fenster ist der Gastraum lebendig und natürlich ausgeleuchtet. In den Fenstern stehen immer wechselnde, fantasievolle, oft bewegte Objekte, die Atmosphäre ist beschaulich und heiter – ja, hier nimmt man sich gerne Zeit und kann genießend die Seele baumeln lassen. Welch ein Glück!

Café Liège, Anton-Kurze-Allee 4, 52064 Aachen, Tel. (02 41) 7 95 57
www.cafe-liege.de
ÖPNV: Bus 2, 30, Haltestelle Goethestraße (Hangeweiher)

Geliebt und atemberaubend

 Im Inneren des Doms

Über den in vielerlei Hinsicht bemerkenswerten Aachener Dom gibt es fundierte Literatur in Mengen, sodass für Wissbegierige keine fachliche Frage offenbleibt. Doch ganz abseits von seiner historischen, architektonischen und religiösen Bedeutung lieben die Aachener ihren schönen Dom innig. Kulturstätte seit über 1200 Jahren, letzter Ruheort Karls des Großen, Krönungsort von 30 deutschen Königen … Kein auswärtiger Besuch, dem der sakrale Bau nicht mit Stolz gezeigt wird, kein Klassik- oder Chorkonzert, das nicht restlos ausverkauft ist, und auch keine Hochzeit, keine Taufe und kein Trauergottesdienst, die nicht durch ihr Stattfinden im Dom geadelt würden. Reguläre Messen gibt es ebenfalls fast täglich – diese sehr besondere Kirche ist nämlich überaus lebendig. Außerhalb der Messen hier Ruhe zu finden, ist deshalb eher schwierig. Rund eine Million Touristen besichtigen jedes Jahr den Aachener Dom: Die große Chorhalle mit ihrer riesigen Fensterfläche – das beeindruckende „Glashaus" mit der Strahlenkranzmadonna, in dem auch die beiden prachtvollen goldenen Schreine, der Marien- und der Karlsschrein, stehen. Den Karlsthron im ersten Stockwerk, den man nur im Rahmen einer Führung besichtigen kann, und natürlich das Zentrum der Kathedrale, das Oktogon mit seiner außergewöhnlichen Bauweise. Dort sind die unfasslich schönen Mosaiken aus rund 32 Millionen einzelnen Steinchen und der riesige Barbarossaleuchter zu sehen. Wer bei seinem ersten Gang rund um das Oktogon spontan an den Orient denkt, liegt gar nicht falsch, orientierte sich doch Karl der Große beim Bau seiner ursprünglichen, achteckigen Kathedrale mangels hiesiger Vorbilder an San Vitale in Ravenna und an der Kleinen Hagia Sophia in Istanbul.

 TIPP Unbedingt die Domschatzkammer nebenan besichtigen!

Hier im Herzen des Doms lässt sich – trotz allen Gewusels – der Rundgang sehr schön beenden. Man kann sich in der Mitte des Oktogons niederlassen, nach oben in die 32 Meter hohe Kuppel sehen und die ganze Herrlichkeit in Ruhe auf sich wirken lassen – hier streift einen wirklich der Atem der Geschichte …

Aachener Dom, Domhof 1, 52062 Aachen
www.aachenerdom.de
ÖPNV: Bus 4, Haltestelle Markt/Judengasse

Fast wie ein kleiner Urlaub

 Stauweiher Diepenbenden und Haus am See

Diepenbenden, das ist ein kleines Stadtviertel im Süden am Waldrand, das ist eine gleichnamige Straße und vor allem meint der Aachener damit die beiden Stauweiher. Diepen Benden bedeutet tiefe Wiesen, wie treffend … Denn vom Weiher aus gibt es herrliche Blicke über sanfte Hügel auf Villenviertel und auf stattliche Bäume bis hoch zum Waldrand. Spaziergänger umrunden den kleinen See bei gemächlichem Schritt in etwa einer halben Stunde, Jogger, Nordic Walker und Hundebesitzer haben hier einen guten Ausgangspunkt für größere Runden, zum Beispiel bis hinüber zum nicht weit entfernten Waldstadion, und am Rand des Weihers sieht man oft zahlreiche Angler, die sich natürlich eher weniger bewegen – Diepenbenden ist ein im wahrsten Sinne des Wortes rumdum idyllisches Naherholungsgebiet. Klein, aber fein!

Die Wurm, einer der Aachener Bäche, entspringt oben am Rand des Waldes und speist die beiden Weiher. Seit etwa 1500 wird die Wurm bereits angestaut, um die an ihrem Lauf gelegenen Kupfermühlen anzutreiben, 1928 erst entstand der Stauweiher in seiner heutigen Form. Das gesamten Ensemble rund um Diepenbenden hat eine bewegte Bau- und Besitzer-Historie, mit der allein man ein ganzes Buch füllen könnte. Die Aachener begnügen sich gerne mit der heutigen Idylle.

Auch für Gemütlichkeit und das leibliche Wohl ist am Stauweiher bestens gesorgt, denn im alteingesessenen, aber längst grundmodernisierten „Haus am See" kann man sich entspannt unter grünem Blätterdach auf der großen Terrasse niederlassen und die wunderschöne Freiluftstimmung bei Kaffee und Kuchen oder bei einem guten Essen und auf jeden Fall mit wunderbarer Aussicht und freundlichem Service genießen. Für Kinder gibt es auf dem Gelände der Gaststätte, wie auch drüben im Wald, einen hübschen Spielplatz und alle anderen erfreuen sich an den vielen Enten und Reihern auf und am Weiher. Die pure Entschleunigung, ganz nah an der Stadt und doch weit weg vom Alltag!

▸ Stauweiher Diepenbenden und Haus am See, Diepenbenden 61, 52076 Aachen,
Tel. (02 41) 46 82 85 69, www.hausamsee-aachen.com
▸ ÖPNV: Bus 34, 54, Haltestelle Diepenbenden

Der Himmel voller Glück

64 *In der Sternwarte Aachen*

Es hat etwas Verwunschenes, wenn man in der Dämmerung über den kleinen Fußweg hoch zu dem überraschend klein wirkenden Gebäude mit dem interessanten halbkugeligen, glänzenden Aluminiumdach geht. Die Sternwarte Aachen, eine Einrichtung der Volkshochschule, wurde 1935 errichtet und ist in ihrem ursprünglichen Bauzustand erhalten geblieben – deshalb ist sie ziemlich einmalig und steht heute unter Denkmalschutz. Sie gehört zu den Volkssternwarten und ist deshalb einem breiten Publikum zugänglich. Ganze 27 sind davon nur in Deutschland zu finden, deren Ziel es ist, astronomisches Grundlagenwissen an alle Interessierten zu vermitteln. Und der Sternenhimmel fasziniert keineswegs nur Kinder und Jugendliche, denn auch viele Erwachsene besuchen die Sternwarte gerne – sie ist ein Ort für Techies, Sternegucker und Romantiker gleichermaßen. Jährlich kommen fast 6000 interessierte Besucher zu den Führungen, die teils öffentlich sind, teils von Schulklassen oder Gruppen gebucht werden. Der gesamte Führungsbetrieb wird von engagierten nebenamtlichen Mitarbeitern gestemmt, die allein dafür schon einen ganz eigenen Stern am Himmel verdienen würden!

Kurz zur Technik: Das Hauptbeobachtungsgerät der Sternwarte ist ein originaler Zeiss-AS-Refraktor mit einer Öffnung von 20 Zentimetern und einer Brennweite von 3 Metern auf einer massiven, parallaktischen Zeiss-Montierung mit Gewichtsuhrwerk in der 6-Meter-Kuppel. Alles ist seit der Eröffnung in Gebrauch und noch immer gut erhalten. Wunderschön ist die innen hölzerne Kuppel anzusehen, und wenn dann per Handkurbel die beiden großen Segmente mit dem charakteristischen Knarzen geöffnet werden, wird es richtig spannend! Jeder darf erst einmal einen Blick durch das große Teleskop werfen und dem spannenden Vortrag samt Führung lauschen. Wer dabei sein möchte, muss sich je nach Jahreszeit im wörtlichen Sinne warm anziehen, denn die beeindruckende Kuppel ist unbeheizt. Und hat man das Glück, eine Sternschnuppe zu sehen, darf man sich trotz aller Fakten auch hier etwas wünschen!

● Sternwarte Aachen, Am Hangeweiher 23, 52068 Aachen
www.sternwarte-aachen.de
● ÖPNV: Bus 2, Haltestelle Yorckstraße

Viel mehr als nur ein Teich

65 Gut Entenpfuhl im Wald

Viele, die heute mit ihren Kindern oder Enkeln einen Ausflug zum Entenpfuhl machen, waren selbst schon als Kinder hier, sind auf einem Esel geritten oder haben ihr erstes Eis gegessen. So wird manch einer nicht nur von den lieben Kleinen, sondern auch von Erinnerungen an die Kindheit begleitet beim Besuch am Entenpfuhl.

Der idyllisch gelegene, ehemalige Gutshof aus der Biedermeierzeit und sein Drumherum sind ein beliebtes Ausflugsziel für alle Generationen geblieben. Grüppchen aller Art und jeden Alters treffen sich zum Frühstück, beenden hier ihre Wanderung durch den schönen Öcher Bösch bei einem zünftigen Essen, Reiter machen einen Zwischenstopp, Mountainbiker lassen sich nach ihrer Runde auf ein erfrischendes Bier nieder, Familien zu Kaffee und Kuchen. Je schöner das Wetter, desto lebendiger geht es zu rund um den Entenpfuhl. Das Restaurant selbst, immer noch Familienbetrieb, bietet gutbürgerliche Küche in rustikal eingerichteten Räumen und mit schönen Terrassen und Sitzgelegenheiten unter alten Bäumen und schützenden Sonnenschirmen – sowohl vor dem Gebäude als auch im schönen Innenhof, der erst 2009 eröffnet wurde. Hier wie da kann man es sich in aller Gemütlichkeit gut gehen lassen.

Und natürlich gibt es tatsächlich einen Pfuhl! Der liegt mitten im Areal, und zahlreiche zahme Entenarten fühlen sich hier wohl. Wie die Esel auf der Wiese – heutzutage werden sie nur noch gestreichelt, nicht mehr geritten! Ganz beseelt von dieser Idylle blickt man weit über ein Stück Aachener Wald. Das winzige Kettenkarussell mit seinen zwei Sitzen und die kleinen Autoscooter können Kinder sehr entzücken, genau wie der spannende Spielplatz, der äußerst robust gebaut ist und mehr als die üblichen Geräte bietet. Die Minigolfbahn ist wiederum ein Spaß für Jung und Alt, übrigens zu angenehm familienfreundlichen Preisen. Und wem nicht nach geselligem Wochenendtrubel ist, stellt sein Auto auf dem Parkplatz ab und macht einfach einen schönen Waldspaziergang – jeder, wie er mag!

○ Gut Entenpfuhl, Entenpfuhler Weg 11, 52074 Aachen, Tel. (02 41) 7 13 93
www.gut-entenpfuhl.de
○ ÖPNV: Bus 2, 24, Haltestelle Entenpfuhler Weg

Das Glück auf dem Teller

 Im La Bécasse

Man findet nur, was man kennt. Ein bisschen ist das auch mit dem La Bécasse so, dem schon seit 1999 Michelin-besternten Restaurant am Stadtrand in Richtung Niederlande. Christof Lang betreibt hier in einem schmucken Eckhaus auf angenehm lässige Art einen kleinen Gourmettempel der Extraklasse. Das Ambiente gemütlich modern, das Restaurant mit der großen Theke in der Mitte: Hier kann man es sich richtig gutgehen lassen, auch dank des stets charmanten und aufmerksamen Service. Dass das La Bécasse immer gut besucht ist und eine treue Stammkundschaft hat, spricht für seine Gastlichkeit.

Und natürlich das Essen … Hausherr und Sterne-Koch Christof Lang tischt mit seiner Mannschaft köstliche Gerichte auf – die Liebe zur französischen Küche ist unverkennbar. Mit 19 Jahren zog er aus, um wirklich kochen zu lernen. Er kochte mit Paul Bocuse, Joachim Splichal, Jacques Maximin, Jacques Lameloise und den Brüdern Troigros, er kochte in Nizza und Paris, probierte sich in Miami aus und kam endlich nach Hause zurück – wo ihn eher ein Zufall zum Besitzer seines Restaurants machte. Wie schön für Aachen!

 TIPP *Mittags gibt es das wirklich günstige Mittagsmenü.*

Verwendet werden nur beste Produkte, die Speisen kommen wunderschön angerichtet und vermeintlich unkompliziert daher – ihre Finesse erschließt sich dann vor allem im Geschmack. Es gibt Leute, die könnten sterben für das seidige Kartoffelpüree, wieder andere brauchen regelmäßig den hauseigenen Klassiker, die „Ente aus dem Ofen, wie Klaus sie liebt". Und alle anderen sind überglücklich, dass es auf der abwechslungsreichen Menükarte immer wieder neue Köstlichkeiten zu entdecken gibt. Molekularküche findet hier höchstens zu Dekorationszwecken statt, mit Gewürzen und Aromen wird allerdings regelrecht gezaubert. Délicieux! Und zusammen mit einem erlesenen Wein ist der Genuss perfekt. Irgendwann kommt dann auch der stets tiefenentspannt wirkende Chef mal auf einen kleinen Schwatz am Tisch vorbei – auf den sich seine zufriedenen Gäste gerne einlassen, während sie noch ihren Espresso trinken.

▶ La Bécasse, Hanbrucher Straße 1, 52064 Aachen, Tel. (02 41) 7 44 44
www.labecasse.de
▶ ÖPNV: Bus 3, 5, 25, 35, 45, 55, 75, Haltestelle Gartenstraße

Forschen, lernen, leben

67 *Der Campus Melaten*

Man fährt um eine Kurve und erblickt vor sich viel moderne Architektur. Interessante Gebäude wie Perlen an einer Schnur … Und wenn man mal ein paar Wochen nicht in der Gegend zu tun hatte, hat sich – auch fürs Auge sichtbar – schon wieder unheimlich viel getan. So stellt sich für den normalen Aachener der Campus Melaten dar. Seit 2009 wird hier gebaut, um den RWTH-Campus zu vergrößern. Auf 473.000 Quadratmetern entstehen elf neue Cluster, die einen stetigen Austausch sowie die zeitgemäß enge Zusammenarbeit zwischen Wirtschaft und Wissenschaft, Technologie und Forschung begünstigen – neue Projekte sind so auf dem Weg, die die RWTH Aachen zu einer der führenden Universitäten der Welt werden lassen. Die Unternehmen können sich hier schon früh die besten Studenten ausgucken und sie durch Programme und Stipendien an sich binden. Auch für die Studenten selbst ist es einfacher, bei den Firmen einen Arbeitsplatz zu finden. So geht alles Hand in Hand! Einhergehend entstehen bis zu 5000 neue Arbeitsplätze, wodurch der Campus auch für die Stadt große wirtschaftliche Bedeutung gewinnt.

Der Campus Melaten entwickelt sich zu einer Stadt in der Stadt. Hier können die Studenten arbeiten und leben und sogar einen Job für das Leben nach dem Studium finden. Moderne Studentenwohnanlagen sind entstanden, man kann essen gehen und einkaufen. Mit dem Parkgelände am Campus-Boulevard ist zudem nicht nur für Erholung, sondern auch für die Nachkömmlinge gesorgt, denn es gibt einen zweisprachigen Kindergarten.

Es lässt sich hier aber nicht nur schon gut leben, sondern auch für Besucher ist der Campus Melaten empfehlenswert. Zwischen moderner Architektur und geballtem Wissen findet sich in einem der dort angesiedelten Restaurants ein gemütliches Plätzchen – drinnen oder draußen –, um bei einem mehr oder weniger ausgiebigen Imbiss und einem leckeren Getränk die vielen spannenden Eindrücke sacken zu lassen.

Campus Melaten, 52074 Aachen
www.rwth-campus.com
ÖPNV: Bus 3, 12, 22, 23, 30, 33, 70, 73, 80, 103, 173, Haltestelle Campus Melaten

Ein Hauch von Schokolade

68 *Der Lindt Werksverkauf*

Wenn man denkt, die Stadt riecht irgendwie angenehm schokoladig, dann kommt der Wind von Westen und weht den Duft guter Lindt-Schokolade in Richtung Dom und Rathaus. Viele Menschen, die in der Lindt-Schokoladenfabrik arbeiten, sind permanent mit Schokolade beschäftigt: Sie erfinden neue Sorten, stellen sie her und vermarkten sie. Lindt & Sprüngli übernahm 1988 von der traditionsreichen Leonard Monheim AG die Fertigung in Deutschland und produziert seitdem viele seiner Artikel in Aachen. Sowohl der berühmte Goldhase – das ist der mit dem traditionellen Glöckchen – als auch der Teddy wurden in Aachen entwickelt, die junge Produktlinie Hello erblickte ebenfalls hier das Licht der süßen Welt. Und tatsächlich ist auch ein Goldhase, der in Australien verkauft wird, made in Aachen.

Seit den 2000er-Jahren gibt es den „Lindt Werksverkauf". Was für ein Paradies für Süßmäuler! Auch wenn es in der großen Verkaufshalle strengstens untersagt ist, zu fotografieren, so kann sich bestimmt jeder den Anblick von unglaublich viel Schokolade gut vorstellen. Das sind natürlich einerseits die perfekt präsentierten Produkte, wie man sie auch aus dem normalen Handel kennt. Aber man findet auch abgepackte Bruchware in Kartons oder Mischbeuteln zu stark reduziertem Preis. Und je nachdem, zu welcher Jahreszeit man kommt, gibt's unterschiedliche Saisonartikel: Ostereier, Adventskalender, Weihnachtsmänner – für die lohnt sich ein Besuch nach Weihnachten oder Ostern ganz besonders. Doch auch vor Feiertagen bekommt man natürlich wunderbare Geschenke für die Lieben daheim, Füllungen für Osternester oder Komplettbestückungen für Weihnachtsteller. Angst vor großem Andrang darf man zu solchen Zeiten allerdings nicht haben, besonders nachmittags ist sehr viel los.

Übrigens: Am Ausgang, hinter der Kasse, steht in einer Ecke auf einem Podest in der Ecke ein lebensgroßes goldenes Pferd. Hier darf man fotografieren, ein Selfie oder Erinnerungsfoto ans große Schokoladenparadies. Das ist natürlich Geschmackssache – wie alles hier. Lecker!

▶ Lindt Werksverkauf, Süsterfeldstraße 130, 52072 Aachen
www.lindt.de
▶ ÖPNV: Bus 1, 16, 30, 41, 74, 173, Haltestelle Süsterfeld

Wie sich Europa anfühlt

69 *Der Dreiländerpunkt D-B-NL oben im Wald*

Zugegeben, an manchen Wochenenden ist der Dreiländerpunkt ein bisschen anstrengend – es tummeln sich Wandergruppen, Mountainbiker, große und kleine Familien, Motorradpulks ... jedenfalls viele, viele Menschen. Und trotzdem muss man mal dort gewesen sein, denn so ein Punkt, an dem drei Länder aneinanderstoßen, ist ja schon etwas Besonderes.
Etwa 5 Kilometer westlich von Aachens Stadtzentrum ist er mit 323 Metern nicht nur der höchstgelegene Punkt der Niederlande, sondern hier verläuft auch die Grenze zu Belgien und Deutschland. Drei Grenzsteine markieren den exakten Punkt, an dem die Länder zusammentreffen. Natürlich kann man auch auf historischen Spuren wandeln und die Grenzsteine im Wald noch besichtigen – den Grenzstein des einstigen vierten Landes Neutral-Moresnet (1814–1915) oder den Grenzstein aus dem Habsburger Reich. Oder man schaut gar über die Grenzen hinaus! Auf dem Weg zur Bergspitze erreicht man den ersten von zwei Aussichttürmen, den Wilhelmina-Turm, ein Holzturm mit etlichen Treppenstufen. Von hier aus hat man einen wundervollen Ausblick auf die Niederlande und Aachen, allerdings wird Belgien noch vom Wald verdeckt. Weiter oben erwartet einen dann der 34 Meter hohe und mit einem Aufzug ausgestattete Balduin-Turm, mit einem tollen Rundblick über das gesamte Umland – Richtung Belgien bis ins Hohe Venn, Richtung Niederlande bis zum 30 Kilometer entfernten Maastricht und auf der deutschen Seite bis zur Eifel.
Es gibt Wanderwege, einen schönen Kinderspielplatz, eine Mountainbike-Strecke und das gewachsene Labyrinth, dessen Ziel – die Mitte – man nach circa 45 Minuten erreicht. Und zu guter Letzt ist auch an das leibliche Wohl gedacht, denn ein uriges Restaurant mit Außenterrasse bietet alles: vom Limburgischen Fladen über Pommes frites bis zum mehrgängigen Menü. Langeweile kommt hier nicht auf, und es ist irgendwie ein ganz bemerkenswertes Erlebnis, sich mit nur wenigen Schritten von einem Land ins andere zu bewegen. So fühlt sich Europa an – am Dreiländerpunkt kann man diese Freiheit wirklich wahrnehmen.

....

▶ Drielandenpunt Vaals, Viergrenzenweg 97, NL-6291 BM Vaals
www.drielandenpunt.nl
▶ Am besten mit dem Auto zu erreichen.

Öcher send der Düvel ze lous

 Auf dem Lousberg

Der Sage nach entstand der Lousberg, weil eine Marktfrau den Teufel irreführte, der einen riesigen Sack voller Sand genau über dem Dom abwerfen wollte – die Aachener hatten ihn vorher mächtig geärgert. Doch dank der List landete der Haufen Sand neben dem Zentrum. Und weil „lous" das Öcher Wort für „schlau" ist, heißt der Lousberg, wie er heißt! Eine schöne Geschichte, der ein Geologe jedoch mit harten Fakten begegnen könnte, da der Berg tatsächlich über eine interessante erdgeschichtliche Entwicklung verfügt. Heute erinnert an die Sage die kleine Statuengruppe mit Teufel und Marktfrau, die am Ende der Kupferstraße steht, dem perfekten Startpunkt einer Umrundung des Lousbergs. Es gibt kleine steile Wege genauso wie bequemere Alleen, die sich in großen Schleifen um den beliebten Hausberg der Aachener ziehen.

Architektonisch bezauberndes Highlight ist am Südosthang der kleine barocke Kerstensche Pavillon, als Gartenpavillon 1740 vom bereits bekannten Johann Joseph Couven erbaut. Heute ist das Gebäude Sitz und Veranstaltungsort der Lousberg-Gesellschaft, die sich engagiert um den Erhalt des Landschaftsparks kümmert.

TIPP *Bei klarer Silvesternacht hat man vom Lousberg einen sensationellen Blick auf das Feuerwerk der Stadt.*

Ein Stück Natur mitten in der Stadt, für viele eine Oase der Entspannung, des Luftschöpfens und der Ruhe! Einmal drumherum zu gehen, dauert eine Stunde. Man kann es natürlich auch sportlicher angehen, ganz, wie man möchte.

Oben am Obelisken das Panorama zu genießen und auf einer der Wiesen zu picknicken, ist wie ein kleiner Urlaub. Als Spaziergänger begegnet man zahlreichen Gleichgesinnten, natürlich aber auch Hundebesitzern, Joggern, Nordic Walkern oder Radfahrern – der Lousberg bietet für alle Bewegungslustigen das Richtige! Und auch für die, deren größte Freude es ist, einfach bei tollem Weitblick – das wird natürlich erst zum Schluss verraten – in den Hängematten auf der Lousberg-Terrasse am Nordhang auszuruhen. So ist der Lousberg in vielerlei Hinsicht ein Schatz für alle, die gerne und ohne weite Anfahrt an der frischen Luft sind.

Lousberg, 52070 Aachen
www.lousberg-gesellschaft.de
ÖPNV: Bus 3, 13, 30, Haltestelle Ehrenmal/Lousberg

Und er dreht sich doch

 Der Drehturm Belvedere hoch über der Stadt

56 Minuten braucht das Drehrestaurant im obersten Stock für eine Umdrehung, das ist die perfekte Langsamkeit, um den fantastischen Weitblick über die Stadt und das Umland genießen zu können. Und der Name ist wörtlich zu nehmen – Belvedere, vom italienischen „bel vedere", bedeutet „schöne Aussicht". Der ehemalige Wasserturm in Stahlbetonbauweise wurde von 1956 bis 1958 erbaut. Seit den 70er-Jahren befindet sich ganz oben das Drehrestaurant mit der Außenplattform. Im Jahr 1988 wurde der Betrieb als Wasserturm eingestellt, und seit 1990 steht er in der Denkmalliste der Stadt als technisches Denkmal mit typischen 50er-Jahre-Elementen. Der gesamte Turm ist 35 Meter hoch, hat einen Durchmesser von 21 Metern – und besitzt glücklicherweise einen Aufzug. Wo früher das Wasserreservoir war, sind heute Büroetagen, doch wer eine Idee von der Größe des ehemaligen Wassertanks bekommen möchte, wählt für den Rückweg die Treppe – ein Aha-Erlebnis in 173 Stufen!

Viele Aachener kennen das Belvedere noch aus Kindertagen, wurden sie doch bereits von ihren Verwandten des Sonntags zum Kaffee dorthin mitgenommen. Das war immer spannend – nicht nur die Markierungen an der Fensterfront, die immer genau verraten, was man gerade sehen könnte, wenn man so weit gucken könnte, sondern auch die ausgesprochen aufregende rundumlaufende Aussichtsplattform, bei der man als Kind nie ganz sicher war, ob man nicht vielleicht doch versehentlich durch die Gitterstäbe herunterfallen könnte. Und ein leibhaftiger Aufzugführer war hier im recht hochhausfreien Aachen auch nichts Alltägliches …

 TIPP Sonntagnachmittags, ab 14.30 Uhr, ist die Außenplattform öffentlich zugänglich.

Die Gastronomie im Belvedere blickt auf ein wechselvolles Auf und Ab zurück, doch seit 2014 können sich die Aachener dort wieder über ein verlässliches, übersichtliches Angebot freuen. Sonntags wird ausgiebig gebruncht, ab 14.30 Uhr ist dann Kaffee-und-Kuchen-Zeit, und jeden ersten Samstag eines Monats gibt es außerdem ein wunderbares Sky Dinner, in klaren Nächten nicht nur kulinarisch ein Traum.

▶ Drehturm Belvedere, Belvedereallee 5, 52070 Aachen, Tel. (02 41) 9 18 80 42
www.drehturm-aachen.de
▶ ÖPNV: Bus 3, 13, 30, Haltestelle Ehrenmal/Lousberg, ab da ein schöner Spaziergang bergauf.

Die Pferde stören kaum

 Der CHIO – das Reitturnier

Höhepunkt des Jahres ist seit 1924 das Reitturnier, der einzige CHIO (Concours Hippique International Officiel) in Deutschland. Auch bei den Akteuren selbst gilt Aachen wegen seiner Atmosphäre als eines der schönsten Turniere weltweit. Ja, der Enthusiasmus ist groß, so gibt es viele Aachener, die niemals während des Reitturniers in Urlaub fahren würden. Denn diese Ausnahmewoche hat – auch – eine gesellige Seite, die das reiterliche Geschehen völlig in den Schatten zu stellen vermag. Hier trifft sich der Öcher mit der Welt, und die Pferde stören kaum.

Was einst begann mit einem kleinen Bierstand rechts und links der Haupttribüne, hat sich inzwischen ausgeweitet zu einer internationalen Gastronomie in Festzelten, zahlreichen Ausschankstellen von Bier bis Champagner sowie einer perfekt gestylten Zeltstadt mit hochwertigen Verkaufsständen. Man kann sich hier während der Turniertage bestens amüsieren, ohne auch nur ein einziges Pferd zu Gesicht zu bekommen. Man wandert zum Turnierplatz, kauft sich eine Stehplatzkarte und arbeitet sich durch zum Zentrum des Geschehens. Hier treffen sich alte Freunde, das Wiedersehen mit lieben Bekannten wird gefeiert, Menschen aus aller Welt lernen sich kennen, hier verabredet man sich am „Bier-Oxer" – so heißt die größte der vielen Biertheken im Volksmund. Firmen geben Feste für Mitarbeiter und Kunden, Radiosender machen Liveprogramm auf einer Bühne, und abends, wenn das Turniergeschehen dadurch nicht mehr gestört werden kann, spielen Livebands!

> **TIPP** Wer wirklich nur das bunte Treiben sehen und genießen möchte, der kauft sich eine Stehplatzkarte.

Einer der ergreifendsten Momente ist der berühmte „Abschied der Nationen" am Ende des Turniers. Die beeindruckend vielen Teilnehmer kommen nacheinander, sortiert nach Nationen, in den Parcours geritten und gefahren, erhalten vom Stadionsprecher in ihrer Landessprache Dank und ein freundliches „Auf Wiedersehen", und bei der großen Ehrenrunde am Schluss winken ihnen die weißen Taschentücher von den Zigtausenden Zuschauern zum Takt von „Muss i denn zum Städtele hinaus" zu – einfach unvergesslich!

Aachen-Laurensberger Rennverein e.V., Albert-Servais-Allee 50, 52070 Aachen
www.chioaachen.de
ÖPNV: Bus 30, 51, 151, Haltestelle Sportpark Soers

Ist ja faszinierend!

 Pro-Idee hat Ideen – aus aller Welt

Ein wunderbarer Ort für die Liebhaber von originellen Gadgets und Must-haves ist das Outlet von Pro-Idee. Viele kennen die edlen Hochglanzkataloge des Versandhändlers – weniger viele wissen, dass Pro-Idee ein Aachener Familienunternehmen ist.

Entstanden aus dem einstigen Junghans Wollversand, hat sich Pro-Idee seit seiner Gründung 1985 zu einem etablierten Spezialisten für Dinge entwickelt, die man vielleicht nicht ganz dringend braucht und trotzdem haben will: ein buntes und stets überraschendes Sortiment von Design- und Lifestyle-Highlights. Perfekt zum Verschenken und auch für das eigene Zuhause. „Wir suchen nach außergewöhnlichen Produkten, die in mindestens einem Merkmal – Qualität, Funktion, Originalität, Authentizität, Exklusivität, Preis oder Design – den bekannten Angeboten überlegen sind", wird Firmenchef Dieter Junghans zitiert. Er ist derjenige, der nach Banklehre und Wirtschaftsstudium ein Praktikum beim Versandhaus The Sharper Image in den USA gemacht hatte und dieses Konzept dann für Europa umsetzte. Heute kennt jeder Produkte, deren Markteinführung durch Pro-Idee erfolgte – zum Beispiel die Maglite-Taschenlampe oder das Leatherman-Survival-Tool. Wichtigstes Standbein des Traditionsunternehmens ist nach wie vor der Versandhandel, aber an einigen wenigen Standorten gibt es Pro-Idee eben auch zum Anfassen!

TIPP *Ein paar Meter weiter gibt es für Selbermacher den Junghans-Wolle Creativ-Shop.*

Deshalb hat Aachen das besondere Vergnügen, nicht nur einen normalen Pro-Idee Concept Store vor Ort zu haben, sondern eben auch dieses schöne große Outlet, in dem sich herrlich stöbern lässt. Ausgefallene Produkte und technische Neuheiten, Bekleidung, Schuhe, Taschen, Küchenzubehör, ungewöhnliche Designobjekte oder Accessoires rund ums Verreisen finden sich hier in großer Auswahl und sehr preisgünstig als Auslaufmodelle, Musterteile oder Artikel mit leichten, fast unsichtbaren Fehlern. Wie das so ist in Outlets – man darf nichts Bestimmtes brauchen, aber man findet trotzdem immer, immer, immer etwas. Hier bei Pro-Idee ist das dann meist etwas Erstaunliches, Überraschendes, Originelles.

○ Pro-Idee Outlet, Gut-Dämme-Straße 4, 52070 Aachen
www.proidee.de
○ ÖPNV: Bus 30, 34, 51, 70, 151, Haltestelle Polizeipräsidium/Eulersweg

Wenn der Lochstreifen reißt

  Im Fernmeldemuseum

Seit 1997 gibt es in Aachen ein ganz spezielles Technikmuseum, das sich mit der Geschichte der Kommunikationstechnik beschäftigt – und das selbst viele Aachener gar nicht kennen. Das Motto: „Technik von gestern und vorgestern zum Anfassen und Einschalten". Manch einem wird auf den 360 Quadratmetern vielleicht ein „das kenn ich auch noch" entwischen, denn das eine oder andere Exponat stammt aus noch gar nicht so lang vergangenen Zeiten. Viele nachrichtentechnische Systeme, aber auch andere Ausstellungsstücke sind bei der Deutschen Bundespost verwendet worden. Richtig stolz ist das Museum aber auf die Fernmeldetechnik aus DDR-Zeiten, die im Jahre 1990 in die Sammlung aufgenommen wurde. Im Westen waren diese Geräte schon fast in Vergessenheit geraten, sodass die Wendezeit, die den Abbau der Technik nach sich zog, auch für das Museum ein schöner Glücksumstand wurde.

Was der Verein, der mit viel „altem" Know-how und ehrenamtlichem Engagement das Museum betreibt, auf die Beine gestellt hat, ist einfach großartig. Alle Systeme sind im Original aufgebaut und voll funktionstüchtig! Es macht einen Riesenspaß durch die Ausstellung zu schlendern, denn hier lebt die Technik aus vergangenen Jahrzehnten weiter. Ob man nun grundsätzlich technikaffin oder historisch interessiert ist, ob man seinen Kindern zeigen will, wie Telefone „früher" so ausgesehen und funktioniert haben, oder ob man sich selbst gerne mal voller Nostalgie erinnert – egal. Wenn einem all die Dramen rund um gerissene Fernschreiber-Lochstreifen wieder vor Augen sind oder man das schwarze Münztelefon mit Wählscheibe entdeckt, wo man ein Hebelchen zur Seite schieben musste, damit der Groschen fiel – fällt man schmunzelnd in eine andere Zeit. Das Fernmeldemuseum ist also ein ganz besonderer Programmpunkt für einen Aachen-Besuch. Die Besichtigung findet immer im Rahmen einer Führung statt, und der Eintritt ist frei. Termine können einfach vereinbart werden.

 TIPP Montags, 11 Uhr, ist auch ohne Anmeldung ein Museumsbesuch möglich, einfach beim Pförtner melden.

● Fernmeldemuseum Aachen, Am Gut Wolf 9a, 52070 Aachen, Tel. (02 41) 9 19 11 48
www.fernmeldemuseum-aachen.de
● ÖPNV: Bus 34, Haltestelle Am Gut Wolf

Die Farbe der Frische

75 *In der Aachener Soers*

Nicht weit vom Zentrum entfernt liegt das schönste Feuchtgebiet der Stadt: die Soers, zuzeiten des Reitturniers „bekannt aus Funk und Fernsehen" und im restlichen Jahr ein eher beschaulicher und vor allem sehr grüner Stadtteil. „Die Soers" – niemals ohne den Artikel zu sprechen – liegt nördlich des Lousbergs und ist der tiefste Teil des Aachener Talkessels. Sie wird von mehreren Bächen entwässert, vom Wildbach durchflossen und fungiert als Kaltluftsammelbecken. Hier ist es morgens und abends tatsächlich immer etwas kühler als mitten in der Stadt – auf diese Weise wird Aachen mit Frischluft versorgt.

Es gibt traumhaft diesige Morgen, die Vor-der-Arbeit-Jogger und Fotografen gleichermaßen glücklich machen. Wegen des fruchtbaren Lößbodens wird ein Teil auch landwirtschaftlich genutzt, und alle paar Meter trifft man auf Kühe oder Pferde, die entspannt auf einer Weide grasen. Blumen und Lebensmittel können in mehreren Bauernläden direkt vom Erzeuger gekauft werden. Und all das Grün – Idylle pur! Hier fühlt man sich gut, sodass die Soers auch ein begehrtes Wohngebiet ist und ein glückliches Völkchen von Alteingesessenen und neu Zugezogenen beherbergt, die sich nett umeinander kümmern.

Auch der Sport gehört dazu, Reit- und Fußballstadion liegen nebeneinander, es gibt eine Eissporthalle, und der vielseitig aufgestellte Postsportverein ist ebenfalls hier beheimatet. Außerdem ist die Soers eng verbunden mit der industriellen Geschichte Aachens, waren doch hier entlang der Bäche einst Färbereien, Walkmühlen und andere Betriebe der Textilindustrie angesiedelt.

Und wo ist das Glück? Überall da, wo Wanderer die Wege entlang des Wildbachs und all die Flora und Fauna entdecken, wo Radfahrer die Fahrt durchs Grüne genießen oder Jogger ihre große Runde laufen! Und der Verfasserin geht das Herz auf, wenn sie durchs grüne Tal radelt und dann den Ferberberg wieder hoch bis zu der hübschen Ansiedlung namens Berensberg – das und eine schwarz-weiße Kuh im Morgendunst zu sehen, ist einer der besten Tagesanfänge überhaupt …

- **Die Soers, 52070 Aachen**
  www.aachen-soers.de
- **ÖPNV: Bus 54, Haltestelle Soers**

Rattert, klappert, quietscht

76 *Lebendige Industriegeschichte im Tuchwerk*

Einst war die Tuchindustrie der wichtigste Wirtschaftsfaktor für Aachen und sein Umland – und ging langsam nieder, bis 2012 auch die letzte Tuchfabrik schloss. Schon 2003 hatte sich der Tuchwerk Aachen e. V. gegründet, der seitdem emsig daran arbeitet, das bedeutende textilgeschichtliche Erbe für die Aachener und alle anderen Interessierten lebendig zu halten. Den Gründungsmitgliedern – ehemalige Textilunternehmer, Mitarbeiter der Textilindustrie, Lehrer, Historiker und Museumsfachleute – war es ein Herzenswunsch, die ehemals über 100 Tuchfabriken, Spinnereien und Färbereien, die für sehr viele Menschen Arbeitsplatz waren, nicht in Vergessenheit geraten zu lassen.

Seit Herbst 2014 ist das beeindruckende Maschinendepot eröffnet, und die großen Textilmaschinen sind für die Öffentlichkeit zugänglich. Hier werden an den wichtigsten Maschinen die Arbeitsschritte gezeigt, die notwendig sind, um aus Wolle ein Qualitätstuch entstehen zu lassen. Stetig werden immer mehr Maschinen instand gesetzt und können bei Führungen in Bewegung gezeigt werden – so vermitteln die laufenden Maschinen einen Eindruck der früheren textilen Arbeit.

Jede der zumeist großen Maschinen muss zunächst an ihrem Ursprungsplatz ab- und hier im Depot wieder aufgebaut werden. Dazwischen liegt oft ein kostspieliger Transport. Dann machen sich die fachkundigen Ehrenamtler daran, die Maschine wieder instand zu setzen, das erfordert viel Geduld, Fingerspitzengefühl – und unermesslich viel Herzblut. Doch wenn dann am Ende allen Tüftelns ein ausgedienter Webstuhl wieder rattert und klappert, sind alle glücklich!

Besucher können jeden Dienstagnachmittag das Maschinendepot besichtigen, Gruppenführungen finden wochentags auf Anfrage statt – immer sind alle sehr beeindruckt von der Anschaulichkeit, mit der hier ein wichtiges Kapitel der Aachener Industriegeschichte vorgeführt wird. Und ganz nebenbei sorgt das Tuchwerk nicht nur bei Tuchwerkern aus nah und fern, sondern ganz allgemein bei Technikliebhabern für glänzende Augen.

○ Tuchwerk-Aachen e.V., Strüverweg 116, 52070 Aachen, Tel. (02 41) 45 09 00 17
www.tuchwerk-aachen.de
○ ÖPNV: Bus 54, Haltestelle Soers

Eine Ferme Ornée für alle

 Der Müschpark

Die Aachener lieben ihr grünes Draußen, seien es der große Wald im Süden der Stadt oder einer der Parks, die man rund um das dicht bewohnte Zentrum nah am Alleenring findet. Zum Beispiel den idyllischen Müschpark, der so heißt, weil er am Gut Müsch liegt. Er ist viele Jahrhunderte in Privatbesitz gewesen, später gehörte er zum Kloster St. Raphael, von dem die Stadt Aachen im Jahr 2008 im Rahmen der EuRegionale den Park – das Gartendenkmal! – übernahm. Der nur 4 Hektar kleine Park am Nordhang des Lousbergs wurde einst als „Ferme Ornée" angelegt – eine gewollte Mischung aus gestaltetem Park und landwirtschaftlicher Nutzfläche. So finden sich neben exotischen und stattlichen heimischen Bäumen sowie mehreren Teichen mit Pavillons auch Obstbäume und Flächen mit Gemüseanbau. Schafe kümmern sich unermüdlich um die Rasenpflege der ebenfalls vorhandenen Wiesenflächen. Man spaziert auf einer wunderschönen Lindenallee auf dem Weg vom Parkeingang bis zum Gutshaus oder auf einer im Herbst ergiebigen Esskastanienallee, und auch an einem Bienenhaus führt der Weg vorbei. Im Frühling finden sich große Flächen blühender Schneeglöckchen oder später dann wilder Narzissen – es ist zu jeder Jahreszeit traumhaft!

> **TIPP** Der Parkeingang liegt in der Kurve Purweider und Strüver Weg

Seit 2010 ist der Müschpark eingetragenes Gartendenkmal – ein Park mit einer fantastischen und abwechslungsreichen Flora und Fauna, der immer wieder überraschende Aus- und Anblicke bereithält. Außergewöhnlich und verzaubernd.

Viele weitere beliebte Parks und Parkanlagen gibt es in Aachen – fast jedes Stadtviertel hat „seinen" Park, und jeder davon hat seine liebenswerten Besonderheiten! Auch der Müschpark kann mit einem ganz eigenen Extra aufwarten. Es hat mit seiner älteren Geschichte gar nichts zu tun, und man soll es eigentlich auch gar nicht so richtig gut sehen können: die geheimnisvollen, kugeligen, seit circa 2010 verlassenen, ehemaligen Gewächshäuser am Rand des Geländes, die so viele Abandoned-Fotografen zu Verbotenem reizen. Denn betreten darf man das Gelände mit den spacigen „Atomic Balls" leider nicht.

Müschpark, 52070 Aachen
www.aachen.de
ÖPNV: Bus 54, Haltestelle Soers Kloster oder Haltestelle Purweider Weg

Unser aller Spieltrieb

78 *Der Puppenbrunnen*

Genau zwischen Hof und Krämerstraße steht der bronzene „Puppenbrunnen", auf den man schon von Weitem neugierig wird, weil man nicht direkt erkennt, worum es sich handelt. Und dann sieht man sie – filigrane Figuren bevölkern diesen zauberhaften Brunnen, der seit 1975 dort in unmittelbarer Nähe zum Dom steht. Er wurde vom Aachener Bildhauer Bonifatius Stirnberg gestaltet. Die Figuren mit ihren beweglichen Gliedmaßen stellen verschiedene Facetten des städtischen Lebens und seiner Geschichte in Aachen dar. Auf der Brunnenspitze sitzt ein gallischer Hahn, der an Aachens Zeit als Hauptstadt des Roer-Departements unter Napoleons Herrschaft erinnert. Die Marktfrau mit ihrer enormen Haube steht für den Handel in der einstigen Reichsstadt Aachen. Der ernst blickende Prälat steht nicht, er sitzt – und symbolisiert die Kirche und den Bischofssitz. Das hübsche Modepüppchen verkörpert die Aachener Tuch- und Nadelindustrie, der würdige Professor mit seiner dicken Brille verweist auf Forschung und Wissenschaft. Der Reiter hoch zu Ross versinnbildlicht die Pferde- und Turnierstadt Aachen, und der elegante Harlekin und die Masken symbolisieren den Karneval und die Heiterkeit.

Der Puppenbrunnen stellte für den Künstler Bonifatius Stirnberg – übrigens zeitweise ein Beuys-Schüler – den Durchbruch dar, denn fortan erhielt er viele Aufträge aus dem In- und Ausland. Seine Brunnen und Skulpturen haben fast immer einen Bezug zur Geschichte oder zu Geschichten der jeweiligen Stadt. Stirnbergs Kunst ist stets zum Anfassen – wie hier ja wunderbar zu sehen ist. Passanten lieben es, mit den Posen der Puppen zu spielen, und ein Selfie mit dem Brunnen ist ein ausgesprochen beliebtes Fotomotiv. Außerhalb der fünften Jahreszeit kein Problem, doch wie es hier üblich ist, wird der Puppenbrunnen – genau wie alle Aachener Brunnen – über die Karnevalstage rundum mit einem Bretterverschlag verkleidet, damit „nichts an ihn kommt". Dann kann man, zum Glück nur für eine kurze Zeit, seinen Charme noch nicht einmal erahnen …

••

  Puppenbrunnen, Krämerstraße (gegenüber Hausnummer 27), 52062 Aachen
  ÖPNV: Bus 14, Haltestelle Elisenbrunnen, wenige Minuten Fußweg

Schmuggel gut!

 Im Zollmuseum Friedrichs

Grundlage eines jeden kleineren Spezialmuseums ist im Prinzip die Sammelleidenschaft eines Einzelnen. So verhält es sich auch beim Zollmuseum Friedrichs, das 1987 von Christian Friedrichs, dem damaligen Vorsteher des Hauptzollamtes Aachen-Nord, im Auftrag der Stadt gegründet wurde und dessen private Sammlung den Grundstein des Bestandes bildete. So kann man auch heute bei kompetent-leidenschaftlicher Führung der hier wirkenden Ehrenamtler eine hochinteressante Reise durch die Geschichte des Zollwesens antreten.

Rund 3000 Exponate werden im Museum gezeigt, darunter auch Schwarzbrennerei-Equipment, verbotene Souvenirs aus fernen Ländern und funkelnde Plagiate von Luxusuhren – denn auch die Geschichte des Schmuggels gehört zu einer Grenzstadt wie Aachen einfach dazu. Wurde nach dem Krieg geschmuggelt, um zu beiden Seiten der Grenzen Verwandte mit dem Lebensnotwendigsten zu versorgen, so professionalisierte sich die planvolle Umgehung des Zolls seit den 1950er-Jahren, und es ging nicht mehr hauptsächlich um Linderung von realen Notlagen, sondern um wirtschaftlichen Profit. Die Schmuggler rüsteten auf und der Zoll selbstverständlich nach – daran hat sich bis heute nicht viel geändert.

TIPP *Zwei Stunden Zeit sollte man mindestens einplanen.*

Anhand einer beeindruckenden Menge von Dokumenten und Exponaten dokumentiert das Zollmuseum ebenso akribisch wie anschaulich in 22 Räumen sieben große Themenbereiche: Historische Aspekte von Maut und Zoll, Grenzziehung und Grenzsteine, der deutsche Zollverein von 1834, die Arbeit des Zolls, der Schmuggel nach 1945, die innerdeutsche Grenze, neue Aufgaben des Zolls. Dabei ist kein Stückchen Wand ungenutzt und kein Raum zu leer, man könnte sich tagelang in den Dokumenten festlesen und mit Faszination in den Vitrinen umgucken – da ist Geschichte ganz nah, man kann dem Zeitgeist nachspüren, Notwendigkeiten verstehen oder einfach auch über manch skurrile Anekdote staunen. Wer schon immer wissen wollte, wie aus Sicht des Zolls das Leben an den Aachener Grenzen war und ist, der wird es hier gewiss erfahren!

- Zollmuseum Friedrich, Horbacher Straße 497, 52072 Aachen-Horbach, Tel (02 41) 9 97 06 15
www.zollmuseum-friedrichs.de
- ÖPNV: Bus 17, 44, Haltestelle Horbach-Locht Zollmuseum

Das gibt es nur in Aachen

 Streuselbrötchen – eine lokale Besonderheit

Geht es um das Streuselbrötchen, so gibt es nicht einen, sondern sehr viele Glücksorte an einem Ort – nämlich jede Bäckerei in der Stadt. Was dem Hamburger sein Franzbrötchen, ist dem Aachener sein Streuselbrötchen – sozusagen. Nur, dass den Aachenern gar nicht so bewusst ist, wie unglaublich unbekannt dieses leckere Gebäck außerhalb der Stadtgrenzen ist. Laut den „Aachener Nachrichten" wurden die Streuselbrötchen hier erfunden, und schon etwas außerhalb der näheren Region ist es unmöglich, auch nur ein einziges Streuselbrötchen zu kaufen! Das süße Suchtmittel, preiswert zu erstehen und in seiner Urform unkompliziert auf der Hand zu essen, ist eigentlich nur ein süßes Hefebrötchen mit einer puren, dicken Butterstreuselschicht obendrauf. Die Streusel sind das A und O, sie dürfen weder zu fein noch dürfen es zu wenige sein – man darf das Brötchen im Prinzip vor lauter Streuseln gar nicht sehen können. Jeder Bäcker hat aber natürlich sein Geheimrezept, doch eines ist immer klar: maschinell geht hier außer Teigkneten wenig, ein Streuselbrötchen ist also ziemlich reines Bäckerhandwerk. Eine beliebte, „neuere" Variante ist das Schoko-Streuselbrötchen, wo Schokostückchen mit verarbeitet sind. Ein wahres heimisches Soul Food mit durchschnittlich satten 400 Kilokalorien pro Stück! Man kann es frühstücken oder zum Nachmittagskaffee schnabulieren oder eben unterwegs essen, wenn es süß, schnell und kleckerfrei gehen muss. Die Nicht-Puristen unter den Streuselbrötchen-Liebhabern erweisen sich als äußerst erfinderisch, was eine Füllung angeht, das Brötchen wird wie ein solches durchgeschnitten und da ist dann von Butter mit Nutella über Marmelade, Gouda oder Leberwurst alles drin. Muss nicht sein, kann man aber machen.

Die Frage, wo es die besten Streuselbrötchen der Stadt gibt, ist übrigens genauso eindeutig zu beantworten wie die Frage nach den besten Fritten – nämlich gar nicht. Jeder muss selbst probieren und seinen Favoriten finden … Wie heißt es so schön? „Versuch macht kluch!"

TIPP Jede Aachener Bäckerei hat Streuselbrötchen. Zum Selbstbacken: www.unser-aachen.eu/streuselbroetchen

● überall in Aachen

Bibliografische Informationen der Deutschen Nationalbibliothek
Die Deutsche Nationalbibliothek verzeichnet diese Publikation in der Deutschen Nationalbibliografie;
detaillierte bibliografische Daten sind im Internet über http://dnb.d-nb.de abrufbar.

© 2019 Droste Verlag GmbH, Düsseldorf
Konzeption/Satz: Droste Verlag, Düsseldorf
Einbandgestaltung und Illustrationen: Britta Rungwerth, Düsseldorf unter Verwendung von Bildern von
© Fotolia.com: jd – photodesign.de; © iStock: Plociennik Robert
Fotos: Die beglückend schönen Fotos in diesem Buch stammen fast alle von Marie-Luise Manthei
(www.fotografie-manthei.de). Mit wenigen Ausnahmen:
S. 13: www.einblick-liebe.de; S. 23: www.runaix-design.de; S. 25: www.pxhere.com; S. 37, 85, 87, 91, 95, 119:
Uschi Ronnenberg; S. 131: www.pxhere.com; S. 143: Lindt; S. 151, 155, 157: Uschi Ronnenberg;
S. 159: www.tuchwerk-aachen.de
Druck und Bindung: Gutenberg Beuys Feindruckerei GmbH, Langenhagen
ISBN 978-3-7700-2159-8

www.drosteverlag.de